栗原はるみ

伝えていきたい日本の味

はじめに

　専業主婦をまじめに全うする。その思いは結婚以来、人一倍強く私の中にありました。ひょんなことから料理家として仕事を始めることになり、あらたな目標にしてきたのが仕事と主婦業の両立です。「どんなに忙しくても家族のごはんはおろそかにしないこと」。それは私にとって大切な日常であり、食べることが大好きで味に厳しいうちの家族が私に求めるものでした。それを守り、応えるなかで生まれたのは家族の喜ぶ味と、忙しいときの私なりの工夫です。

　この本を開くと、結婚してから子育てを経て今にいたるまでの、家族の思い出と料理が重なって見えます。子どもたちには食に対して広がりをもってほしくて、いつも意識していたわけではありませんが、自由な発想でいろいろな味を食べさせました。今はふたりとも独立して家庭をもち、料理に関わる仕事もしています。親として今まで選んできた道がまちがっていなかった気がして、ほっとしながらも夫とふたりで見守っているところです。

　家族の喜ぶ顔が見たくて、手間を惜しまず作り続けてきたうちの味は、季節の味から和洋混在した新しい味まで家庭料理ならではの柔軟さです。この味が国内外を問わず多くのみなさんを笑顔にする日本の味になれば、これほどうれしいことはありません。

もくじ

第2章

第3章

第4章
ほっとする和の煮もの …174

第5章
家族がいるから生まれた味 …198

第6章 おかずごはん、味ごはん…248

第7章 料理が楽しくなる器…284

残したい日本の道具

第1章

季節を感じる味

食材が旬を越えて手に入る便利な暮らしを享受しながら、一方で私たちは春になるとたけのこごはん、夏には焼きなすにカツオのたたき、秋はサンマの塩焼きや栗ごはん、冬が来ればブリ大根やカキ鍋といった、伝統的な旬の味覚を心待ちにしています。それはうっかりすると通り過ぎてしまう、季節の変化を身近に感じる手がかりのようなもの。とれたての魚介やみずみずしい野菜を自分の目で選び、ていねいに料理して家族や友人とゆっくり食卓を囲むことで、移りゆく日本の四季に近づける気がします。ここでは春夏秋冬、さらに年中行事のお正月を加え、それぞれに一度は味わいたい、そして伝えていきたいわが家の味をご紹介します。

残したい日本の道具…1

ふきんと菜箸

はさむ、つまむ、運ぶ、切る、ほぐす、包む、分ける……たった二本の棒を、しかも片手で操るだけでいくつもの複雑な作業がこなせる。お箸ほどシンプルで便利な道具は、ほかにないのではないでしょうか。昨今、世界的な和食ブームで、お箸使いの上手な外国人も増えてきましたが、キッチンで箸を使う習慣はまだないようです。なので私は海外に行くときには必ず菜箸を持参し、実際に使ってみせて、そのすばらしさを実感してもらうようにしています。薄切り肉を一枚ずつはがす、卵を溶き混ぜる、揚げものをする、豆をつまむ、盛りつける。たった一膳の菜箸だけですべてをやってのける私をみて、外国の人々は「指の一部のよう」「マジックみたい」と感嘆の声をあげます。私もうれしくなって「菜箸ってすばらしいでしょう。あなたもこれを使って料理を楽しんでください」と、日本から持参した菜箸をプレゼントすることにしています。

あらゆる調理作業に対応できて、トングなどに比べて収納場所もとらず、安くて気軽に使える菜箸。今後どれだけ世の中が変わって

も日本の台所から消えることのない、また世界のキッチンへと広がってほしい、誇るべき日本の道具だと思います。

　ふきんもまたしかり。私は外国製のおしゃれなキッチンクロスも大好きですが、このところ昔ながらの「さらし」に気持ちが向くようになりました。さらしは平織りの薄手の木綿で、肌ざわりがよく衛生的。通気性、吸湿性があって乾きが早い。値段も手ごろで、切りっぱなしでもほつれにくく、洗濯も漂白も簡単と、いいことずくめなので大いに見直したいものです。反物で買って、手ぬぐいの長さとその半分のサイズに切ったものを用意しておくと、調理中にまないたや包丁を拭いたり、野菜の水気を拭いたり、絞ったりと、とっても重宝。土鍋でごはんを炊くときや蒸しもののとき、蓋にはさんで水気を吸い取らせたり、漆器を洗うときスポンジ代わりにしたり、ほこりよけと乾燥防止のために炊き上がったごはんや洗っておいたサラダ野菜にかけたり。使い捨てのペーパーや便利なラップに頼りすぎず、さらしのふきんも上手に使っていきたいですね。

春《はる》

手に触れる水も
しだいに温んで
春の日にきらめきます

三月三日が近づくと、お雛さまを飾ります。伝統装束の内裏雛は、今は亡き私の父が三十余年前、長女の初節句に贈ってくれたもの。娘はすでに嫁ぎましたが、お雛さまは引き続き、わが家のリビングルームを飾っています。雛祭りが終わると私の誕生日を迎え、春は毎年、心が踊るスタートです。

庭には芽吹き始めた木々。風が沈丁花の香りを運んできます。春の日を浴びて水が温み、少しずつ暖かさを増すとたけのこの便りが届き、うちの台所は下ゆでの準備で大忙し。年に一度、たけのこ料理を満喫する季節です。実家の母からはじきに、きゃらぶきが届く頃。野生の細い山ぶきの皮を一本一本むいて数日がかりで煮込んだもので、調味料はしょうゆ、酒、だし汁、水あめ。結婚して以来、毎年届く母の味です。つややかに煮上がったふきのほろ苦い味を、うちの夫と息子は大好きで、いつも楽しみにしています。

母のきゃらぶき。
冷蔵保存し、ときどき
火入れを繰り返すと
長く日持ちします。

リビングやキッチン、洗面所にも
春の香りを運んでくれる小さな花々を
私なりのいけ方で飾っています。

朱塗りのサイドボードの上が
毎年、わが家の雛飾りの定位置です。
ライラックの花を雪洞に見立てて。

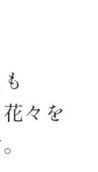

ゆでた青菜のシャキッとした食感を、だしじょうゆのうまみでいただくおひたしは、日本の味そのものです。私は海外でどうしてもおひたしが食べたくなると、マーケットでほうれん草やクレソンを買って少量をマグカップに入れ、電気ポットで沸かした湯をかけてゆがき、おかかとしょうゆで食べています。

おひたしのコツでなかなか伝えにくいのがゆで加減で、かためといっても生ではなく、火は通っているけれど歯ざわりが残るくらいです。それを手早く冷水に取ることで青菜の食感や色が保てます。寒さの残る頃は、甘みのあるちぢみほうれん草、春先は根三つ葉やせりが香り高くておいしいものです。

根三つ葉のおひたし

材料（4人分）
根三つ葉　1束
だし汁　1カップ
薄口しょうゆ　大さじ2
みりん　小さじ2

作り方
1　根三つ葉は葉と軸に分け、4cm長さに切る。
2　だし汁、薄口しょうゆ、みりんを合わせ冷やしておく。
3　鍋に湯を沸かし、根三つ葉の軸、葉の順に入れてかためにゆで、冷水にとって水気をよくきる。
4　③の水気をよく絞り、②にひたし、器に盛る。

魚介とわけぎ、ワカメなどを酢みそであえた一品はうちの夫の大好物で、どちらかといえば酒肴向き。よく作るのはマグロとわけぎですが、アカガイやアサリなどの貝類と組み合わせれば、雛祭りの膳にも似合う一品に。冬から春先にかけておいしくなるわけぎは、ねぎと玉ねぎの雑種だそうで、独特の甘みとやわらかさが特徴。酢みそあえにはさっとゆでてぬめりをしごき出し、口当たりをよくしてから使います。ぬたというのは、酢みそあえの別名です。

包丁の背をすべらせて
ぬめりを押し出します。

マグロとわけぎの酢みそあえ

材料（4人分）

マグロ（刺身用中トロ）　1サク
わけぎ　1束
みそ　大さじ3
砂糖　大さじ2
みりん　大さじ½
酢　大さじ1
和がらし　少々

作り方

1　マグロは2cm角に切る。
2　わけぎはよく洗い、沸騰した湯に塩少々（分量外）を入れてゆでる。冷水にとり、水気をきって、葉と茎に切り分ける。包丁の背で切り口から水分とぬめりをしごいて除き、4～5cm長さに切る。
3　①、②はそれぞれよく冷やしておく。
4　ボウルにみそ、砂糖、みりん、酢、和がらしを順に加えて混ぜ合わせ、③を加えてあえる。

錦糸卵のちらしずし

材料（4人分）

米　2カップ
すし酢
　酢　1/2カップ
　砂糖　大さじ2 1/2
　塩　小さじ1〜1 1/2
干ししいたけ　2枚
にんじん　3cm長さ
れんこん　小1節（100g）
だし汁　1/2カップ
しょうゆ　大さじ1
砂糖　大さじ1
酒　大さじ1
みりん　大さじ1
錦糸卵
　卵　4個
　砂糖　大さじ1 1/2
　酒　小さじ2
　塩　少々
　サラダ油　少々
もみのり　適量

作り方

1　すし酢を作る。ボウルに酢を入れ、砂糖、塩を加えて溶けるまでよく混ぜる。

2　干ししいたけは戻して軽く水気を絞り、石づきを除いて薄切りにする。にんじんはせん切りにする。れんこんは皮をむき、半月切りまたはいちょう切りにして水にさらし、水気をよくきる。

3　鍋にだし汁としょうゆ、砂糖、酒、みりんを合わせて煮立て、しいたけを入れて少し煮てからにんじん、れんこんを加え、軽く煮る。火を止め、そのまま少しおいて味を含ませる。なじんだらざるに上げて汁気をきる。

4　米はといでざるに上げ、かために炊く。①のすし酢を加えて切るように混ぜ、ほんのり温かいうちに③を加え、さっくりと混ぜる。

5　錦糸卵を作る。ボウルに卵を溶きほぐし、砂糖、酒、塩を加えてよく混ぜ、こす。

6　フライパンにサラダ油を熱し、ペーパータオルなどでならして全体に油をなじませる。⑤の卵液を少量流し入れ、手早く広げて焼く。縁が焼けて表面が乾いてきたら返して反対側をさっと焼き、取り出す。これを繰り返す。

7　⑥の薄焼き卵を何枚か重ねて丸め、細いせん切りにする。

8　器に④の酢めしを盛り、もみのりをたっぷりと散らす。⑦の錦糸卵は空気を含ませるようにふんわりと数回ほぐしてから、ふわっとのせる。

卵を薄く焼くことは外国ではあまりないらしく、海外で茶巾ずしや錦糸卵のちらしずしを作るとみなさん驚き、喜んでくれます。とりわけ錦糸卵は華やかさの決め手。細いせん切りにしたあと、空気を含ませるようにふんわりほぐして盛りつけると、具は日常のものでもとたんに春らしいおすしに変わります。

いなりずしの油揚げを
おいしく煮るのが
ずっと私の課題です

理想は甘すぎず辛すぎず、食べるとジュワーッと煮汁が広がる感じです。何度も試作した結果、最初の煮汁だけで味を決めようとせず、調味料を追加する煮方に落ちつきました。ざらめ糖も3回に分けて加え、こくを出します。ただし材料の油揚げや油抜きの時間、水気のきり方、汁気の残し方などによっても味加減は変わるため、実際に作りながら好みの味を覚えていってください。煮含めた油揚げが残ったら、冷凍しておくとおべんとうなどに重宝します。途中で破けてしまったものは細かく刻んで混ぜごはんの具にしても。

うちの母は「いなりずしの酢めしは入れすぎちゃだめよ」といい、軽く握ってふた口分くらいを詰めるのが常。酢めしが多いと何個も食べられないので私も自然とそうしています。

いなりずし

材料（24個分）

米　2カップ
すし酢
　酢　½カップ
　砂糖　大さじ2
　塩　小さじ1½
油揚げ　12枚
だし汁　2カップ
しょうゆ　¼カップ
砂糖　大さじ2
ざらめ糖　大さじ2
みりん　½カップ
追加調味料
　だし汁　1カップ
　しょうゆ　大さじ3～4
　砂糖　大さじ1～2
　ざらめ糖　大さじ3
しょうがのみじん切り　大さじ2
白炒りごま　大さじ2
好みの漬けもの　適宜

a

b

c

d

e

作り方

1　油揚げを煮る。油揚げは半分に切り、隅までていねいに袋状に開く。開きにくい場合は、油揚げの上で菜箸などを数回転がす。

2　鍋にたっぷりの湯を沸かし、油揚げを1～2分ゆでて油抜きをし、ざるに上げ水気をよくきる。

3　鍋にだし汁、しょうゆ、砂糖、ざらめ糖、みりんを入れてひと煮立ちさせ、②の油揚げを加える。落とし蓋をし、弱めの中火で途中、上下を返してしばらく煮る。

4　煮汁が⅔量くらいになったら、追加調味料のだし汁、しょうゆ、砂糖、ざらめ糖大さじ2を合わせて加え、ときどき上下を返しながら煮て、さらにざらめ糖大さじ1を加えて煮汁が少なくなるまで煮る。煮上がったら容器に重ねて並べ、冷ます。（a）

5　すし酢を作る。ボウルに酢を入れ、砂糖、塩を加えて溶けるまでよく混ぜる。

6　米はといでざるに上げ、かために炊く。炊き上がったらすし酢を加え、切るように混ぜる。

7 ⑥にしょうが、ごまを加えてさっくりと混ぜる。

8 油揚げの汁気をごく軽く絞って端を少し裏返し、⑦の酢めしを軽く握って詰める。このとき油揚げの両隅にも酢めしを詰めると形が整う（b）。

9 裏返した部分を戻し、端を折りたたむ。ここでは両脇を先にたたみ（c）、前後の端は一方を中に折り込み（d）、もう一方でおおうように包んでいく（e）。

10 器に盛り、好みの漬けものを添える。

私がおすし好きのせいか、酢めしにお刺身をのせたどんぶりものから、ちらしずし、いなりずし、巻きずし、握りずしまでうちではなにかにつけておすしが登場します。とくにみんなが集まるような日には、5～6種の具を彩りよく巻いた太巻きずしが定番。普通は具が飛び出た端の部分はお客様に出さないでしょうが、私はここが好きなのであえて一緒に並べると、いちばんにみんなの箸がのびます。

太巻きずし

材料（4本分）

米　2カップ
すし酢
酢　½カップ
砂糖　大さじ2½～3
塩　小さじ1～1½
だし巻き卵
卵　4個
だし汁　大さじ2
みりん　大さじ2
砂糖　大さじ1
塩　少々
サラダ油　少々
しいたけの甘煮
干ししいたけ　4枚
しいたけの戻し汁　大さじ3
しょうゆ　大さじ1½
砂糖　大さじ2
酒　大さじ1
みりん　大さじ2
かんぴょう煮
かんぴょう（乾）　30g
だし汁　1カップ
しょうゆ　大さじ2
砂糖　大さじ2
みりん　大さじ2
エビ　12尾
塩・酒　各少々
きゅうり　適量
三つ葉　1束
焼きのり　4枚

作り方

1 すし酢を作る。ボウルに酢を入れ、砂糖、塩を加えて溶けるまでよく混ぜる。

2 米はといでざるに上げ、かために炊く。炊き上がったら①のすし酢を加え、切るように混ぜる。

3 だし巻き卵を作る。ボウルに卵を溶きほぐし、だし汁、みりん、砂糖、塩を加えてよく混ぜ、こす。卵焼き器を熱してサラダ油をなじませ、卵液を数回に分けて流し、だし巻き卵を焼く。クッキングペーパーなどで巻き、粗熱が取れたら1cm角の棒状に切る。

4 しいたけの甘煮を作る。干ししいたけはひたひたの水で十分に戻す。水気を軽く絞り、石づきを取って薄切りにする。鍋にしいたけの戻し汁、しょうゆ、砂糖、酒、みりんを合わせて煮立て、しいたけを入れ、落とし蓋をし、汁気が少なくなるまで煮る。火を止め、そのまま冷まして味を含ませる。

5 かんぴょう煮を作る。かんぴょうは洗って10分くらい水に浸して戻し、塩でもむ。よく水洗いし、薄めのものはそのまま、肉厚なも

のはやわらかく下ゆでする。鍋にだし汁、しょうゆ、砂糖、みりんを合わせて煮立て、かんぴょうを入れ、落とし蓋をし、煮汁が少なくなるまで煮る。火を止め、そのまま冷まして味を含ませる。

6 エビは殻と尾、背ワタを取る。鍋にエビがかぶるくらいの湯を沸かして塩、酒を入れ、煮立ったら返して火を止め、そのまま冷まし、水気をよく拭き取る。

7 きゅうりは縦半分に切り、種を取ってから1cm角の棒状に切る。三つ葉は根元を輪ゴムで結わえ、さっとゆでて冷水にとり、輪ゴムをはずして水気をよくきる。

8 巻きすに焼きのりをのせ、巻き終わりを1cmほど残して、②の酢めしの1/4量を広げる。

9 中心より少し手前にのりの長さからややはみ出すくらいにかんぴょう煮、だし巻き卵、きゅうり、しいたけの甘煮、エビ、三つ葉を適量のせて巻く。

10 巻き終わりを下にして軽く押さえ、巻きすをはずす。残りも同様に巻き、1本を6等分に切り分け、器に盛る。

季節になると実家や知り合いからたけのこやふきが届きます

掘りたての新鮮なたけのこは香りがよくてやわらか。ゆでても歯ごたえが違います。まとめて届いた日は、とにかく急いで下ゆでし、アク抜きするのを最優先。暖かい産地のものから順に、四月前後から五月の大型連休過ぎあたりまで出回るので、季節には何度となく楽しめます。写真のものは千葉の友人が送ってくれたたけのこ、そしてふき。ふきは独特の香りと苦味が特徴で、うちではごま煮や土佐酢漬けが定番です。

1

2

3

4

たけのこのゆで方と保存法

…

1 根元のかたい部分や欠けた部分は切り落とし、先端部分を斜めに切り落として縦に包丁で1本切り込みを入れる。鍋に入りきらないときは、さらに皮をむく。

2 大鍋にたけのこを入れ、たっぷりの水とぬか約1カップ、赤唐辛子2〜3本を加えて火にかける。

3 たけのこが浮かないように落とし蓋をして、やわらかくなるまでゆでる。落とし蓋は皿で代用してもいい。ゆで汁につけたまま冷まし、皮をむき、水洗いして使う。

4 保存は密閉容器などに入れ、たっぷりの水を注いで冷蔵庫へ。水を毎日替えると4〜5日くらいは日持ちするが、なるべく新しいうちに使いきりたい。

たけのこの土佐煮

材料（4人分）
ゆでたけのこ　4個（1kg）
だし汁　4カップ
しょうゆ　大さじ6
砂糖　大さじ5
みりん　大さじ2
削りガツオ　適量
木の芽　適量

作り方
1　たけのこは穂先部分を5cm長さに切って4つ割りし、下の部分は1.5cm幅のいちょう切りにする。
2　鍋にだし汁、しょうゆ、砂糖、みりんを合わせて温める。たけのこの水気を拭いて加え、煮立ったら落とし蓋をして20〜30分、煮汁が少なくなるまで煮含める。火を止め、そのままおいて味をなじませる。
3　②に削りガツオをまぶしてからめる。器に盛り、さらに上に削りガツオ、粗く刻むか、たたいた木の芽をのせる。

たけのこは穂先部分がいちばんやわらかいので、形を生かして焼きたけのこ、薄切りにして酢のもの、洋風だったら生ハムと合わせたサラダなどにもします。下の部分は根元に近づくほどかたいため、うちでは薄切りにしてごはんに炊き込んだり、せん切りにして三つ葉と炒めたり、大ぶりに切って煮ものやフライにすることが多いです。

たけのこの土佐煮は、季節には何度も作るうちの常備菜で、少し濃いめの甘辛味がごはんとよく合います。仕上げにまぶす削りガツオがうまみになり、余分な汁気も吸ってくれるので、おべんとうのおかずにも便利。

旬のたけのこを一度は味わっておきたい。そう思ったらたけのこごはんがおすすめです。たけのこは大きさのわりにずっしりした、根元の切り口が新しいものを選んで下ゆでし、ざくざく切ったら炊き込むだけ。うまみがほしいときは油揚げを刻んで加えます。炊き上がりには同じ季節に芽吹く、木の芽のさわやかな香りを添えてさらにおいしさを引き立てます。

たけのこごはん

材料（4人分）

米　2カップ

ゆでたけのこ

大1個（300g）

だし汁　適量

薄口しょうゆ　大さじ2½

砂糖　小さじ2

酒　大さじ1

みりん　大さじ1

塩　少々

木の芽　適量

作り方

1 米はといでざるに上げる。たけのこはひと口大の薄切りにし、水気をよく拭く。

2 だし汁と薄口しょうゆ、砂糖、酒、みりん、塩を合わせて2カップに計量する。

3 炊飯器に米を入れ、たけのこをのせ、②を注いで炊く。

4 炊き上がったらさっくりと混ぜ、おひつに移すか、器に盛って木の芽をのせる。

私の母は料理上手で、これも母の味にならったものです。ふきは新鮮なほど香りがよいので下ゆでまでは早めに作業。青煮のように色を残すものはゆで方にも気を配りますが、煮汁で煮るものは色のさえは気にせず、むしろやわらかめにゆでています。加減は箸でつまんで触って確かめて。使うのはなるべく太い部分が向いています。ここではふきに合わせて油揚げも少し幅広く切っておかず向きに。ふきと油揚げだけではさっぱりしてしまうところに、すりたてのごまを加えて風味とコクを足すのが母の名人技。私はときには練りごまも使います。

ふきのごま煮

材料（4人分）

ふき　400g
油揚げ　2枚
だし汁　2カップ
しょうゆ　大さじ3
砂糖　大さじ2
みりん　大さじ1
半ずりごま　大さじ4〜5

作り方

1 ふきは葉を落として鍋に入る長さに切り、塩適量（分量外）をふって板ずりする。鍋に湯を沸かし、太いほうから先に入れてやわらかめに下ゆでする。

2 水にとり、冷めたら皮をむいて4〜5㎝長さに切って水気を拭く。

3 油揚げは湯通しをして油を抜き、2㎝幅に切る。

4 鍋にだし汁としょうゆ、砂糖、みりんを合わせて煮立て、ふきと油揚げを入れ、煮汁が半分くらいになるまで煮含める。

5 仕上げに半ずりごまを加え、少し煮て、汁ごと器に盛る。

使いやすさを目指して大改造したばかりのわが家のキッチン。
料理をする私のまわりには自然とみんなが集まり、会話が弾みます。

夏《なつ》

家族の健康にためにも
台所で使うものは
清潔を心がけています

木々が新緑に染まる頃、実家のある下田から甘夏が届きます。さっそく総出で皮をむき、ちょっぴりほろ苦い甘夏のジャム作りに取りかかります。皮がたっぷり入るのでマーマレードと呼ぶほうが正しいかもしれませんが、うちでは通称、甘夏のジャム。大鍋にいっぱい煮て、一年間お世話になった方々におすそ分けするのが、この季節の恒例になりました。

梅雨の晴れ間、風通しのいいところでまな板や盤台などを干すのは気持ちのいいもの。台所道具を清潔にしていると安心しておいしいごはんが作れる気がします。

食卓の魚がカツオからアジに代わり、本格的な夏の到来。さっぱりとしたきゅうりもみや焼きなすなどの野菜料理が彩りを添えます。生長するさまざまなハーブ、青い実をつけたすだち。朝夕の庭には水やりが欠かせません。仕事の手を止めて片隅に目をやるとフェンスにつるをのばした時計草の花がゆらりと咲いてきれいです。

ゆっくりと暮れていく夏の夕べ。
冷えたワインやビール片手に
気軽なおもてなしが始まります。

甘夏のジャムはトーストにのせたり
パウンドケーキの生地に
混ぜ込んで焼いてもおいしい。

焼きなす

材料（4人分）
なす　4本
削りガツオ　10g
しょうがのすりおろし　1片分
しょうゆ　適量

作り方
1　なすはヘタにぐるりと切り込みを入れ、ガクを切り落とす。
2　焼き網を熱し、なすを焼く。皮が焦げてきたら返し、全体をまんべんなく焼いて中までやわらかく火を通す。
3　熱いうちに、切り込みの入ったところから焼けた皮とヘタの部分をむく。好みで食べる直前まで冷やしておく。
4　削りガツオはラップをかけずに電子レンジで約2分加熱してパリパリにする。
5　③を器に盛り、削りガツオをのせ、しょうがのすりおろしを添え、しょうゆをかけていただく。

焼きなすのみそ汁

材料（4人分）
なす　4本
だし汁　4カップ
みそ　大さじ4
しょうがのすりおろし　適量

作り方
1　焼きなすを作り、熱いうちに皮をむく。長さを半分に切り、さらに縦2等分にする。
2　鍋にだし汁を温め、みそを溶き入れる。
3　焼きなすを器に入れ、②の熱い汁を注ぎ、しょうがのすりおろしを添える。

焼き締めの大皿にハランを敷き、丸ごとの焼きなすをたっぷり盛ると、いつもみんなの歓声が沸きます。食べ方はシンプルにパリパリの削りガツオとおろししょうが。冷やして出すことが多いですが、私は焼きたての熱いうちを食べるのも好き。うちでは焼きなすを入れた夏のみそ汁も定番です。香ばしい風味がうまみになり、普通のなすのみそ汁は苦手という人も、これは気に入ってくれます。

なすの含め煮

材料（作りやすい分量）
なす　8本
だし汁　1½カップ
しょうゆ　大さじ4
砂糖　大さじ2
酒　大さじ1
みりん　大さじ3〜4
実山椒の佃煮　大さじ1
めんつゆ
　だし汁　4カップ
　しょうゆ　大さじ2
　薄口しょうゆ　大さじ1
　みりん　大さじ2
そうめん　適量
みょうが　適量

作り方

1　なすはヘタを切り落とし、縦1cm幅に切り込みを入れ、さっと水にさらしてざるに上げる。

2　沸騰した湯になすを入れ、5分ほど下ゆでして中まで火を通す。水にとって冷まし、ざるに上げ、形がくずれない程度に軽く絞る。

3　鍋にだし汁としょうゆ、砂糖、酒、みりんを合わせて煮立て、②のなすを入れる。落とし蓋をして10分ほど煮て、最後に実山椒を加える。火を止め、そのまましばらくおいて味を含ませる。

4　めんつゆを作る。鍋にだし汁、しょうゆ、薄口しょうゆ、みりんを合わせて煮立て、冷ます。

5　そうめんを表示通りゆでて流水で洗い、水気をきる。器に入れ、④のめんつゆを注ぎ、なすの含め煮をのせ、みょうがのせん切りを添えていただく。

薄味をつけただし汁で季節のなすを丸ごと煮た伝統的な料理です。なすは縦に細かく切り込みを入れて下ゆでしておくと、やわらかくもなり、味もよくしみます。仕上げに加える実山椒がピリッとして夏向き。そうめんにのせる盛りつけは、お客様のときも好評です。お酒好きが集まると食べずに飲むばかりの人もいるので、そうめんの量を控えめにして、おなかにたまらないからとすすめています。

きゅうりもみのような地味な料理も、ていねいに作るとおもてなしになります。まず板ずりは、きゅうりの緑を鮮やかにし、味をしみやすくするため。薄切り方は食感と見た目から、薄切りに揃えます。合わせ酢を2回に分けるのは、きゅうりから出る水気を考えてのこと。2度目の合わせ酢で味がしっかり決まります。盛りつけた器は氷を敷いた大皿にのせ、薬味を添えれば、野菜のごちそうです。

きゅうりもみ

材料（4人分）

きゅうり　6本
塩　小さじ2
合わせ酢
　酢　1カップ
　薄口しょうゆ　大さじ$1\frac{1}{2}$
　砂糖　大さじ7
　塩　小さじ$1\frac{1}{2}$
　だし汁（昆布）　2カップ
青じそ　10枚
みょうが　適量
しょうが　適量

作り方

1　合わせ酢を作る。酢、薄口しょうゆ、砂糖、塩、だし汁を合わせてよく混ぜる。

2　きゅうりは両端を軽く切り落とし、ヘタのまわりの皮を少しむく。塩をふって板ずりをし、水で洗って水気を拭き、薄い輪切りにする。

3　②のきゅうりを浅いバットに入れ、合わせ酢の$\frac{1}{3}$量を加えて30分～1時間おく。

4　青じそ、みょうがはせん切りにする。しょうがはすりおろす。

5　③のきゅうりは軽く水気を絞り、残りの合わせ酢であえる。器に盛り、食べ頃に冷やし、青じそ、みょうが、おろししょうがを添え、混ぜていただく。好みで削りガツオをふってもおいしい。

カツオが大好きだった私の父。
その姿を思い出しながら
夏の食卓にたたきを作ります

カツオは私の父の大好物でした。なじみの魚屋さんから届けてもらうカツオの刺身をまず肴に晩酌を始める父の笑顔を思い出します。下田は漁場が近いので昔から鮮度のいいカツオが揚がり、そのおいしさは天下一品。たたきの場合は、さっとあぶって身を締めたら、ちょっと厚めに切るのがコツで、しょうが、にんにく、青じそ、ねぎなどの薬味をたっぷりのせて、ポン酢しょうゆでいただきます。

カツオのたたき

材料（4〜6人）
カツオ（皮つき刺身用）
　大2節（600g）
新しょうが　大1片
にんにく　2片
青じそ　30枚
万能ねぎ　2〜3本
ポン酢しょうゆ　1カップ
すだち　適量
白炒りごま　適量

作り方
1　カツオはよく熱した焼き網で表面を強火でさっと焼く。そのまま粗熱をとり、冷蔵庫で冷やす。
2　しょうがはせん切り、にんにくは薄切りにする。青じそはみじん切りにする。万能ねぎは小口切りにする。
3　ポン酢しょうゆとすだちの絞り汁2〜3個分を合わせる。
4　①のカツオは厚めにスライスして皿に並べる。その上にたっぷりの青じそ、しょうがとにんにく、万能ねぎをのせ、再び冷蔵庫でよく冷やす。食べる直前にごまをふり、③のたれを周囲から回しかけ、好みでさらにすだちを絞っていただく。

下田生まれの私にとって アジはずっと なじみのある魚です

アジは昔から下田の海を代表する魚です。とりわけ八月の下田太鼓祭りには各家庭でアジの押しずしが欠かせません。私の母も前の晩から7〜8㎝の小さなアジを何十枚と開いて塩をし、酢で締め、翌朝は酢めしと合わせて押し、それはおいしい、見事なアジずしを作ってくれます。

私も小さい頃からなじみがあるので、干ものをはじめ、さっと下処理をしたら塩焼き、煮つけ、南蛮漬け、フライ、ちらしずしと、いろいろに食べている大好きな魚です。

1

2

3

4

アジの下処理と3枚おろし……

1 アジのゼイゴ（とげ状のウロコ）を取る。尾のほうからゼイゴの端に包丁を入れ、刃を前後に動かして薄くそぎ取る。反対側も同様にする。

2 腹びれに沿って肛門からえらの端まで切り込みを入れ、包丁の先でワタをかき出す。

3 流水で取りきれなかった汚れを洗い落とし、煮つけにする場合はこのまま、3枚おろしにする場合は頭を切り落とす。

4 3枚おろしは、まず中骨に沿って背から尾に向かって包丁を入れ、向きを変えて尾のほうから包丁を入れ、1枚目の片身を切り離す。中骨のついた片身は、尾のほうから中骨に沿って頭のほうまで包丁を入れ、もう一度、今度は深く包丁を入れて2枚目の片身を中骨から切り離す。

アジの煮つけ

材料（4人分）
アジ　4尾
しょうが　1片
しょうゆ　大さじ4
砂糖　大さじ2
酒　1カップ
みりん　大さじ3

作り方
1　アジはワタとゼイゴを取る。しょうがは薄切りにする。
2　鍋にしょうゆ、砂糖、酒、みりんを入れて煮立て、アジを重ならないように並べ入れる。
3　再び煮立ったらしょうがをちらし、落とし蓋をして煮る。汁気が減ってきたら、ときどき鍋を傾けて汁気を回しかけながらつやよく煮上げる。
4　器に盛り、煮汁をかけていただく。

魚の煮つけは濃いめと薄め、両方の味つけができます。白身の上品な魚は薄味で煮ることもありますが、アジやイワシなどの脂ののった青背の魚はたいてい濃いめ。うちの家族も濃いめが好きで、白いごはんにはよく合います。しょうがは魚の臭みを取るために入れますが、これも甘辛くておいしいので私はわりとたっぷり使います。ここでは白いごはん、大根と油揚げのみそ汁、漬けものの献立で。

南蛮漬けのアジは、丸ごと食べられるようにせいぜい12～13cmくらいまでの小アジを使います。手早く下処理をしてカリッとするまでよく揚げたら、調味だれに漬けて半日くらい。このとき一緒に漬けるせん切りの玉ねぎ、にんじん、セロリは風味づけとつけ合わせを兼ねています。数日間は日持ちするので、私が家を留守にするときも、夫によくリクエストされて作り置くもののひとつです。

小アジの南蛮漬け

材料（20尾分）
小アジ　20尾
玉ねぎ　½個
にんじん　½本
セロリ　1本
調味だれ
　酢　1カップ
　しょうゆ　大さじ4
　薄口しょうゆ　大さじ4
　砂糖　大さじ6
　だし汁　2カップ
赤唐辛子の小口切り　2本分
すだちの輪切り　2～3個分
塩・こしょう　各少々
薄力粉　適量
揚げ油　適量

作り方

1 玉ねぎは薄切りにする。にんじん、セロリはせん切りにする。

2 調味だれの酢、しょうゆ、薄口しょうゆ、砂糖、だし汁を合わせ、バットなどに入れる。

3 アジはゼイゴとワタを取り、中までよく洗って水気を拭く。

4 アジに軽く塩、こしょうをふり、薄力粉を薄くつける。熱した揚げ油に入れ、カリッとするまでよく揚げ、油をきる。

5 ④が熱いうちに調味だれに漬ける。玉ねぎ、にんじん、セロリと赤唐辛子、すだちを加え、半日以上漬けて味をしみ込ませる。

秋《あき》

毎日の暮らしを
続けることから
見えてくることもあります

朝起きて、歯を磨き顔を洗ったら、身支度をして仏様にお茶とお水をあげることから私の一日が始まります。夫が起きるまではまだ2、3時間あるので、階下に降りて台所やリビングの窓を全部開けて空気の入れ替え。今日は風があるとか、庭の草花が秋の色になってきたなど、気に留めておきます。きれいな窓ガラスを通して庭を見るほうが楽しいから、窓の汚れを見つけたらすぐにお掃除。いつもの家事と急ぎの仕事を済ませたあと、昨今は英語の勉強が私の朝の日課です。

澄んだ空気が心地よい、さわやかな秋の日。新栗、新米、新サンマと海山の恵みが出回りはじめ、食欲をそそられます。栗ごはんは子どもの頃から私の大好物。逆にとろろごはんはあの独特の食感が苦手でしたが、大人になっておいしさに目覚め、今ではうちの食卓に欠かせません。夜の長さも手伝って、秋はゆっくり家族や友人たちとごはんを囲むのにいい季節です。

落ち葉や木の実の色や形は
みんな自然が作るもの。
身近に感じる小さな秋です。

亡き父に贈ったひざかけを
今は私が使っています。
優しかった父を思うとふと涙がこぼれます。

炊きたての新米と脂ののったサンマの塩焼き。ふつうで贅沢な秋の味覚です。うちの夫は塩焼きなら、毎日食べても飽きないといいます。1尾丸ごと焼き、あつあつをほろ苦いワタも一緒に大根おろしとすだちで食べる、サンマはこれに限るのだとか。丸ごと焼くのが難しい場合は2つに切りますが、ワタを切らないように切り口を少し尾寄りにずらすと、途中でワタが飛び出す心配はありません。

サンマの塩焼き

材料（4人分）
サンマ　4尾
塩　少々
大根おろし　適量
しょうゆ　適量
すだち　適量

作り方
1　サンマは全体にまんべんなく塩をふる。しょうゆをかけた大根おろしを仕上げに添えるので、その分を考えて少し控えめにするとよい。
2　焼き網をよく熱し、サンマを盛りつけたときに頭が左、腹が手前になる側から先に焼いて、こんがり焼き色がついたら返し、中まで火を通す。
3　焼きたてを器に盛り、大根おろしにしょうゆをかけて添え、すだちを絞る。

サンマの塩焼きには大根おろしのほかに、ねぎドレッシングも合います。長ねぎの粗みじん切り1本分、酢大さじ5、しょうゆ・サラダ油各大さじ2、砂糖・みりん各大さじ½、顆粒コンソメ小さじ½、湯大さじ1、粗びきこしょう少々、赤唐辛子の小口切り1本分を合わせたらよく混ぜます。

季節限定のうちの人気ごはんです。サンマは香ばしく焼いてからしめじやごぼうと炊き込みます。3枚おろしは、お店で頼んでもいいですが、家庭では長さを半分にしておろすとその分手軽。調味料と一緒に入れる梅干しは、サンマの脂をほどよくさっぱりさせる隠し味。炊き上がったら軽く混ぜ、好みで刻んだ三つ葉やしょうがのせん切り、もみのりなどを添えて。魚が苦手な人にもおすすめです。

サンマの炊き込みごはん

材料（4人分）
米　2カップ
サンマ　1尾
塩　少々
しめじ　1パック
ごぼう　1本
薄口しょうゆ　大さじ1
しょうゆ　大さじ½
酒　大さじ1
みりん　大さじ1
だし汁　適量
梅干し　2個

作り方
1　米はといでざるに上げる。
2　サンマは頭とワタを除き、2等分に切ってから3枚におろす。塩少々をふり、よく熱した焼き網で皮目からこんがりと焼く。
3　しめじは石づきを落として小房に分け、ごぼうは皮をこそげ、ささがきにしてから水にさらし、水気をよくきる。
4　薄口しょうゆ、しょうゆ、酒、みりんとだし汁を合わせて2カップ弱に計量する。
5　土鍋に①の米を入れて、しめじ、ごぼう、種を取った梅干し、②のサンマをのせる。
6　④を縁から注いで蓋をし、強火にかけ、沸騰したら弱火にして約10分炊く。火を止めて約10分蒸らす。サンマをほぐすようにさっくりと混ぜる。

夫の好きなしめサバが
おいしくできるようになって
ほっとしています

シンプルに見えて魚の酢じめは加減がむずかしいものです。このしめサバは味にこだわる夫が絶賛してくれた、ちょっと自慢のレシピ。新鮮なサバにしっかり塩をして1〜2時間おき、合わせ酢でさっとしめると、表面がうっすら白くなり、中はまだしっとりとしたレア状態に。これくらいの加減がおいしいと夫はいいます。たくさん作って翌日は焼きサバにし、朝ごはんに添えるのがうちの習慣です。

しめサバ

材料（4人分）
サバ（3枚おろし）　2枚
塩　適量
酢　1カップ
砂糖　大さじ1
薄口しょうゆ　小さじ½
にんじんの細いせん切り　適量
大根のせん切り　適量
すだち・わさび・しょうゆ　各適量

作り方
1　サバの表裏それぞれに塩大さじ1をふる。身の薄い部分には薄く、厚い部分には多めにふるように加減し、1〜2時間おく。水洗いして塩気を落とし、水気を拭き取る。
2　酢、砂糖、薄口しょうゆを合わせてサバを入れ、ときどき上下を返しながら30〜40分漬ける。
3　②のしめサバの汁気を拭き、骨抜きを使って小骨を抜く。薄皮を引いて、食べやすい大きさに切る。
4　器ににんじんと大根のせん切りをそれぞれ盛り、③のしめサバをずらして盛りつけ、すだち、わさび、しょうゆを添える。

私のサバのみそ煮は、どちらかというと甘さ控えめで濃すぎない味。とろみはさらりと仕上げます。切り方もふつうの切り身サイズでは大きすぎる気がして、いつもその半分くらいに切っています。このほうが食欲に合わせられますし、味もよくしみます。ごはんはもちろん、パンにも合うのでガーリックトーストとほろ苦いクレソンを添えるのが、うちの食べ方として今ではすっかり定着しています。

サバのみそ煮

材料（4人分）
サバ（3枚おろし）　大2枚
しょうが　1片
酒　½カップ
みそ　大さじ3
砂糖　大さじ3
みりん　大さじ3〜4
しょうゆ　大さじ4
水　½カップ
クレソン　1束
ガーリックトースト　適宜

作り方

1　サバの小骨は骨抜きを使って抜き、食べやすい大きさのそぎ切りにする。しょうがは皮をむいて薄切りにする。

2　鍋に酒、みそ、砂糖、みりん、しょうゆ、水を入れてよく混ぜて煮立てる。サバの皮目を上にして重ならないように並べ入れ、しょうがをちらす。

3　再び煮立ったら落とし蓋をし、弱めの中火で煮る。煮汁がとろりとしたら火を止める。

4　クレソンの葉先をつまんで器に盛り、③をのせ、煮汁をかける。好みでガーリックトーストを添えていただく。

独特のねばりがおいしい里いもですが、皮がむきにくいのも事実。タワシで泥汚れを洗い流したら水気をきって表面を乾かすと、むきやすくなります。ここでは下ゆでしてから丸煮にし、だしのきいたエビときのこのあんをかけていただきます。好みで里いもをさらにつぶし、なめらかな食感を楽しんでも。海外では里いもの代わりにじゃがいものマッシュで作ったことがあり、これも好評でした。

里いものエビときのこのあんかけ

材料（4人分）

里いも1kg
だし汁　1カップ
しょうゆ　大さじ1
薄口しょうゆ　大さじ1
砂糖　大さじ1
酒　大さじ1
みりん　大さじ1〜2
エビときのこのあん
　むきエビ　100g
　えのき茸　1袋
　なめこ　1袋
　だし汁　1カップ
　薄口しょうゆ　大さじ1½
　酒　大さじ1
　みりん　大さじ2
　塩　少々
　片栗粉・水　各大さじ1
三つ葉　適量

作り方

1　里いもは皮をむき、水にさらして水からゆで、軽く下ゆでしてざるに上げる。

2　鍋にだし汁、しょうゆ、薄口しょうゆ、砂糖、酒、みりんを合わせて火にかけ、①の里いもを入れ、落とし蓋をしてほとんど汁気がなくなるまで煮含める。

3　エビときのこのあんを作る。エビは洗い、背ワタがあれば除き、粗みじんに切る。えのきは根元を切り落とし、1㎝長さに切る。なめこは袋から出す。

4　鍋にだし汁、薄口しょうゆ、酒、みりん、塩を合わせて煮立て、エビ、えのき、なめこを順に加える。軽く煮て、水で溶いた片栗粉でとろみをつけ、三つ葉のざく切りを加える。

5　②の里いもを器に盛り、④の熱いあんをたっぷりとかける。好みで七味をふっても。

シャキシャキしたれんこんの歯ざわりにひかれ、牛れんこんをよく作ります。このときの牛肉はうまみ出しなので、分量はそれほど入れません。むしろれんこんをたっぷりと。寒くなっておいしくなるれんこんは、大きく切っても小さく切っても粗くたたいても、それぞれに違う食感です。作った翌日も温め直すとおいしいので、まとめて多めに作ったつもりでもすぐに食べきってしまいます。

牛れんこん

材料（4人分）
れんこん　2節（400g）
牛薄切り肉　200g
しょうゆ　大さじ4
砂糖　大さじ2
酒　大さじ2
みりん　大さじ2
サラダ油　大さじ1

作り方
1　れんこんは皮をむき、2〜3cm幅のいちょう切りにし、水にさらして水気をよくきる。
2　牛肉は3〜4等分に切る。しょうゆ、砂糖、酒、みりんを合わせておく。
3　深めのフライパンにサラダ油を熱し、れんこんを加えて両面が透き通るくらいまでよく炒める。
4　牛肉を重ならないように加えて炒め、肉の色が変わったら合わせておいた調味料を加え、煮汁が少なくなるまで炒め煮する。
5　火を止め、そのままのしばらくおいて味を含ませる。

なめらかなのど越しがとろろの持ち味。ボロッとした麦ごはんとの相性は絶妙です。とろろをきめ細かく作るには日本の台所道具、すり鉢がひと役買います。おろし器でおろしただけではシャリシャリする山いもを、さらにすり鉢でするのです。卵を加え、合わせ調味料を少しずつ加えてすり混ぜればとろろの完成。とろろごはんのほか、おそばにのせたり、マグロにかければ上等な山かけになります。

とろろごはん

材料（4人分）

麦ごはん
- 白米　1½カップ
- 押し麦　½カップ

とろろ
- 長いも　½本（約500g）
- 卵　1個
- だし汁　1カップ
- しょうゆ　大さじ½
- 薄口しょうゆ　大さじ1
- みりん　大さじ1½

わさびのすりおろし　適量

長ねぎの小口切り（水にさらしたもの）　適量

もみのり　適量

作り方

1　麦ごはんを炊く。白米はといでざるに上げる。押し麦はさっとすすいで合わせる。鍋か炊飯器に入れ、同量の水を加えて炊く。

2　とろろを作る。小鍋にだし汁、しょうゆ、薄口しょうゆ、みりん、を合わせてひと煮立ちさせ、火を止める。

3　長いもは皮をむき、すりおろしてすり鉢でさらによくすり、卵を加えてすり混ぜる。②の温かい汁を少しずつ加えて混ぜ合わせる。

4　器に麦ごはんを盛り、③のとろろをかける。好みでわさび、長ねぎの小口切り、もみのりを添えていただく。

さつまいもの甘煮

材料（4人分）

さつまいも　1本
（約500g）
砂糖　80g
水　1カップ

作り方

1　さつまいもはよく洗い、皮つきのまま2〜3㎝厚さに輪切りし、水にさらして水気をきる。

2　鍋に湯を沸かし、さつまいもを入れて下ゆでする。

3　鍋に砂糖、水を合わせて煮立て、さつまいもを入れ、落し蓋をして5分くらい煮る。途中で一度そっと上下を返す。火を止め、そのまま少しおいて味を含ませる。

秋野菜の中でもさつまいもとかぼちゃは単品で煮ておくと、副菜やお茶うけに重宝します。大きな1切れがつやつやしてお菓子のようなさつまいもの甘煮は、レモンを絞ったり、おやつには泡立てた生クリーム、シナモンなどを添えたり。かぼちゃの煮ものは砂糖としょうゆで濃いめに煮るのが私は好き。味を変えたいときは、好みで半ずりのごまをまぶすと香ばしい風味が加わります。

かぼちゃの煮もの

材料（4人分）

かぼちゃ　½個（正味700g）
しょうゆ　大さじ2
砂糖　大さじ3
水　2カップ

作り方

1 かぼちゃは種とワタを取り、3cm角に切る。

2 鍋にしょうゆと砂糖、水を入れて火にかけ、煮立ったところにかぼちゃを入れて落とし蓋をし、煮汁がほとんどなくなるまで煮る。火を止め、そのまま少しおいて味をなじませる。

* かぼちゃがやわらかくなっても煮汁が多いときは、落とし蓋をはずして汁気を飛ばす。

栗ごはん

材料（4人分）

栗　正味300g
米　2カップ
酒　大さじ1
塩　小さじ½
黒ごま塩　適量

作り方

1　栗の鬼皮をむく。
2　渋皮もむき水にさらしてアクを抜き、水気をよくきる。
3　米はといでざるに上げる。
4　炊飯器に③の米、米と同量の水、酒、塩を入れて軽く混ぜ、①の栗をのせて炊く。
5　炊き上がったらさっくりと混ぜ、器に盛って黒ごま塩をふる。
＊　栗の鬼皮がかたい場合は1晩水につけてやわらかくするか、急ぐときは熱湯につけて少しおく。

私の実家でも家族みんなが大好きだった栗ごはん。栗はたっぷりのほうがおいしいから、皮をむくのをよく手伝わされました。まず鬼皮はとがっている部分の反対側を1片削り、そこを手がかりに全体をむいていきます。続いて渋皮をていねいにむいたら水にさらして水気をきります。私が栗ごはんを炊くときの味つけはシンプルに塩と酒だけ。炊き上がりは私が好きなややかためですが、もちっとしたやわらかい食感が好みなら、米の分量2カップのうち、½カップ分をもち米に代えて炊きます。

ごまのはぜる音。すりこぎを回すリズミカルな動き。こうばしい香り。
私のごま好きは母譲りで、すり鉢はすぐ出せるところに置いてあります。

冬《ふゆ》

一日は長く
一年は短いと
あらためて感じます

庭のウッドデッキに散った落ち葉を掃き集めるのは、初冬の朝のひと仕事です。まるで雨が降るように木の葉が散るさまを木の葉しぐれというそうですが、思わず見上げる晴れた空は本格的な冬の前の心にしみる色をしています。大根、ほうれん草、ねぎ、白菜……、寒さとともに甘くなる冬野菜。私の大好きなゆずも思いきり使える季節になりました。師走に入るとうちではすぐにクリスマス支度。夫が毎年楽しみにしていて、昔、娘に買ったドールハウスが登場し、ガラスのツリーや私の手作りリースが家中を飾ります。年末はあっという間にやってきて、三十日には買い物を済ませ、大みそかのおもてなしとおせちの準備にかかります。

新しい年が明け、お正月を無事に過ごすと、ふだんの暮らしがまた戻ってきます。冬の日がリビングの奥まで差し込み、昼間は暖房いらずのわが家ですが、水仕事は東京でもさすがにまだ冷たく感じる、浅い春です。

夫は洋風な生活様式の中で育ったので
家族と過ごすクリスマスを
いちばん大切にしています。

キッチンで煮込み料理を作ったり
ひまを見つけて縫いものをしたり
心が温まる冬の暮らしが好きです。

春菊のごまあえ

材料（4人分）

春菊　1束（200g）
炒り白ごま　40g
砂糖　大さじ1
しょうゆ　大さじ½
塩　適量

作り方

1　ごまは弱火で軽く空炒りし、すり鉢に入れてよくすりつぶす。砂糖、しょうゆを加えてあえ衣を作る。

2　春菊はよく洗い、葉と軸に切り分ける。沸騰した湯に塩少々を加え、軸から先に加えてかために ゆでる。冷水にとり、水気を絞って3～4㎝長さに切る。軸の太い部分は縦半分に割る。

3　春菊の水気をさらに絞り、①に加えてよくあえる。味をみて足りなければ塩で味を調える。

うちのごまあえの定番は、冬は春菊やほうれん草、夏はいんげんやアスパラ。ごまも黒だったり白だったり。シンプルなレシピを覚えておけば季節が変わり、素材が違っても基本は同じです。あえたときはちょうどよくても時間をおくとどうしても野菜から水気が出るので、食べる前にはもう一度味を見て、微調整。いちばんいいのは、やはり食べる直前にあえることです。

大根とブリ、寒さとともにおいしさを増すもの同士の組み合わせです。うまみがしみ込んでいることは大根のつやからも一目瞭然。おもてなしでは大鉢にたっぷり盛ってお出ししています。煮る前の下ごしらえでは、ブリはさっとゆでて生臭さをとり、厚切りにした大根は下ゆでをします。煮上がりの色は濃く見えますが、味は甘辛のほどよい味つけです。魚の煮ものにはお酒をたっぷり使うのもコツ。

ブリ大根

材料（4人分）

ブリのカマ　大4切れ（900g）
大根　½本（800g）
しょうが　大1片
だし汁　1½カップ
しょうゆ　¾カップ
砂糖　大さじ4
酒　1カップ
みりん　1¼カップ

作り方

1　ブリは1切れを食べやすい大きさにして熱湯に入れ、表面の色が変わるまでゆでる。

2　大根は皮をむいて3㎝厚さのいちょう切りにし、米のとぎ汁で透き通るまで下ゆでする。

3　しょうがは皮をむいて薄切りにする。

4　鍋にだし汁、しょうゆ、砂糖、酒、みりんを合わせて煮立て、ブリとしょうがを入れて少し煮てから、②の大根を加える。

5　アクをていねいに取り、落とし蓋をして大根に味がよくしみるまで煮る。煮汁が多めに残るくらいで火を止め、そのままおいて味を含ませる。

和食の中でも茶碗蒸しが大好きな私。息子のお嫁さんの北海道の実家から百合根をいただくと、必ず茶碗蒸しを作ります。百合根のほくほくした食感と上品な甘み、だし汁と卵で作るなめらかな食感。おもちも小さく切って入れるとやさしい味によく合います。仕上げに薄口しょうゆで味つけしただし汁のあんをかけ、黄ゆずの皮を薄く削ったへぎゆずを1枚のせれば、うっとりするほどのおいしさです。

百合根の茶碗蒸し

材料（4〜6人分）
百合根　1個
切りもち　2枚
卵液
　卵　4個
　だし汁　3カップ
　みりん　大さじ3
　塩　小さじ1
銀あん
　だし汁　½カップ
　薄口しょうゆ　小さじ1
　みりん　大さじ1
　塩　少々
　片栗粉・水　各小さじ1
へぎゆず　適量

作り方
1　百合根は1枚ずつはがし、洗ってやわらかくゆで、水気を拭く。もちは1枚を6等分にする。
2　卵液を作る。だし汁を温め、みりんと塩で調味し、粗熱を取る。
3　ボウルに卵を溶きほぐし、②を少しずつ加えて静かに混ぜ、目の細かいざるでこす。
4　器に①の百合根ともちを等分して入れ、③の卵液を注ぎ入れ、1つずつラップで蓋をする。
5　蒸気の上がった蒸し器に④を入れ、弱火で15〜20分蒸す。
6　蒸し上がりに合わせて銀あんを作る。鍋にだし汁を温め、薄口しょうゆ、みりん、塩で調味し、煮立ったら水で溶いた片栗粉を加えてとろみをつける。
7　蒸したての茶碗蒸しに⑥の銀あんをかけ、へぎゆずをのせる。

水気の絞り加減にも
気を配ることで
もっとおいしくなります

ほうれん草の白あえ

材料（4人分）
絹ごし豆腐　1丁（350g）
ほうれん草　1束（200g）
白炒りごま　50g
砂糖　大さじ1
西京みそ　小さじ2
塩　適量
薄口しょうゆ　小さじ1

作り方
1　豆腐はペーパータオルで包み、重石をして1時間くらいおき、よく水きりをする（水きり後は250gくらい。約7割くらいが目安）。
2　ほうれん草はよく洗い、3cm長さに切って葉と軸に分ける。沸騰した湯に塩少々を入れ、軸から先に入れてかためにゆでる。冷水にとり、水気を絞る。
3　ごまは弱火で軽く空炒りし、すり鉢に入れてよくすりつぶす。
4　③に①の豆腐をちぎって入れ、なめらかになるまですりつぶす。砂糖、みそ、塩少々を順に加えて軽く合わせる。
5　②のほうれん草に薄口しょうゆをからめて水気をもう一度絞り、④に加えてよくあえる。味をみて足りなければ塩少々で調える。

豆腐とごまの衣で野菜をあえる白あえは、健康志向の外国人にも人気があります。わりに濃厚でクリーミーな味なので、少しずつ食べられるようにほうれん草を小さめに切っています。あえものや白あえでは、野菜の水気の絞り加減も大切。絞り足りないと水気で味が薄くなりやすく、絞りすぎても食感が落ちてしまいます。私の母いわく、「指の跡が残るほどきつく絞ってはいけません」。

「おいしそうなのがあったから」と、夫はよく子持ちガレイを買ってきます。そんなときは決まって煮つけにするのですが、あまり続くとおろし煮と交代です。カレイは素揚げするとコクが出ますし、身のやわらかい魚なので煮くずれしにくいと一石二鳥。ここに大根おろしをたっぷり加えてさっぱりさせますが、あれば鬼おろしで粗めにおろすと水っぽくならず、カレイにもからみやすくなります。

カレイのおろし煮

材料（2人分）

カレイ（切り身）　大2切れ
だし汁　½カップ
しょうゆ　大さじ3
砂糖　大さじ1
みりん　大さじ2
大根（おろしたもの）
½〜1カップ分
塩　少々
片栗粉　適量
揚げ油　適量
わけぎの小口切り　適量
七味唐辛子　適宜

作り方

1　鍋にだし汁としょうゆ、砂糖、みりんを合わせる。

2　カレイは水気を拭き、皮目に飾り包丁を入れ、軽く塩をふって片栗粉を薄くまぶす。熱した油でカリッと揚げ、中まで火を通す。

3　①の煮汁を温め、揚げたてのカレイを入れ、鬼おろしで大根をたっぷりとおろしかけ、手早く器に盛り、好みでわけぎ、七味唐辛子をふる。

お正月の準備を済ませた大みそかの夜は、みんなが集まってにぎやかに年忘れ。年越しそばは鴨南蛮がうちの定番です。合鴨肉とわけぎだけのシンプルなそばですが、鴨の脂とつゆのうまみが相まって、なかなかの人気。めんつゆはみりんを軽く煮詰めてしょうゆ、砂糖を加え、だし汁を合わせて作る、どちらかといえば辛口のさらりとした味。麺好きのわが家には欠かせないもののひとつです。

鴨南蛮そば

材料（2人分）

合鴨ロース肉　100g
わけぎ　½束
めんつゆ(下記参照)　3カップ
だし汁　½〜1カップ
そば（乾）　160g
七味唐辛子　適宜

作り方

1　鴨肉は薄切りにする。わけぎは5〜6cm長さに切る。

2　めんつゆとだし汁を合わせて熱し、鴨肉を加え、火が通ったらわけぎを加える。

3　そばは表示通りにゆでて水気をよくきり、器に入れて②の熱い汁を注ぐ。好みで七味をかけていただく。

めんつゆ

材料と作り方（約6カップ分）

1　小鍋にみりん1カップを入れて煮立て、弱火にして2〜3分、アルコール分を飛ばして煮詰める。

2　しょうゆ1カップ、砂糖大さじ1を加えて弱火でさらに1〜2分煮詰め、だし汁4カップを加える。

＊　残っためんつゆは十分に冷ましてから容器に入れ、冷蔵庫で保存し、早めに使いきる。

冷え込む日のお昼には鍋焼きうどん。亡くなった父は、母の作る鍋焼きうどんが大好物で、三日に一度は食べていました。具はあり合わせで構いませんが、やっぱりかき揚げが入るとごちそうになります。ボリュームを出したいときは豚肉の薄切りを入れても。前ページで紹介しためんつゆをだし汁で割ってうどんとねぎやしいたけを煮込み、仕上げに卵を入れて煮えたら最後にかき揚げをのせます。

鍋焼きうどん

材料（1人分）

かき揚げ（作りやすい分量）
- ごぼう　½本
- にんじん　小1本
- れんこん　小1節
- 天ぷら粉（市販品）　大さじ6
- 冷水　大さじ2
- 揚げ油　適量

長ねぎ　¼本
しいたけ　小2枚
ゆでうどん　1玉
めんつゆ(87ページ参照)　1カップ
だし汁　½カップ
かまぼこ（1cm厚さ）　2枚
卵　1個
七味唐辛子・長ねぎの小口切り（水にさらしたもの）　各適宜

作り方

1　かき揚げを作る。ごぼうは皮をむき、5〜6cm長さのせん切りにし、水にさらして水気をよくきる。にんじんも同じ長さのせん切りにする。ごぼう、にんじんをボウルに入れて合わせ、半量の天ぷら粉を全体にまぶしてから、冷水大さじ**1**を加えて混ぜる。

2　れんこんは皮をむいて薄い輪切りにし、水にさらして水気をよくきる。①と同様に残りの天ぷら粉、冷水大さじ**1**を加えて混ぜる。

3　揚げ油を熱し、①と②をそれぞれ食べやすい大きさにまとめてカリッと揚げる。

4　長ねぎは**1.5**cm幅の斜め切りにし、しいたけは石づきを取る。

5　うどんは水で洗ってほぐし、水気をよくきる。

6　めんつゆとだし汁を鍋に入れ、うどん、かまぼこ、長ねぎ、しいたけを入れ、蓋をして煮る。

7　卵を割り入れ、好みの加減に煮えたら、①、②を適量のせる。好みで七味やさらしねぎを添えて。

寒さとともに
うまみを増すカキ。
天ぷらに、鍋に
欠かせない食材です

いちばん出回っているカキの種類はマガキだそうで、寒い季節に旬を迎えます。ふだんはうちもパックに入ったむき身を使うことが多いですが、ときどきは産地から取り寄せもしています。獲れる場所によって殻の大きさや身の厚み、味わいもさまざまで、食べ比べるのも楽しみのひとつ。殻つきは開けるのが面倒と敬遠されがち。でも貝柱を切り取ればそう手間はかかりません。鮮度のいいカキのプルンとして濃厚な味は格別です。

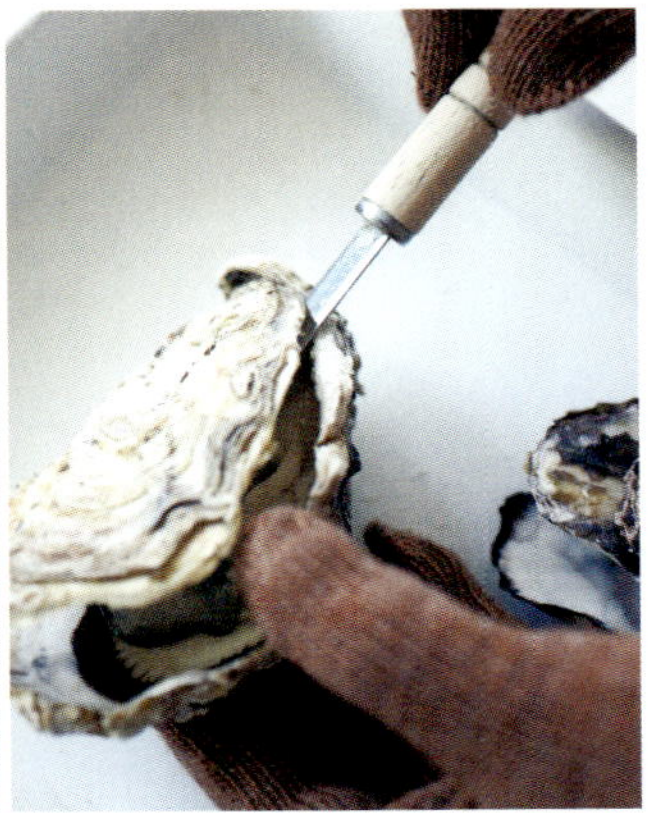

1

2

3

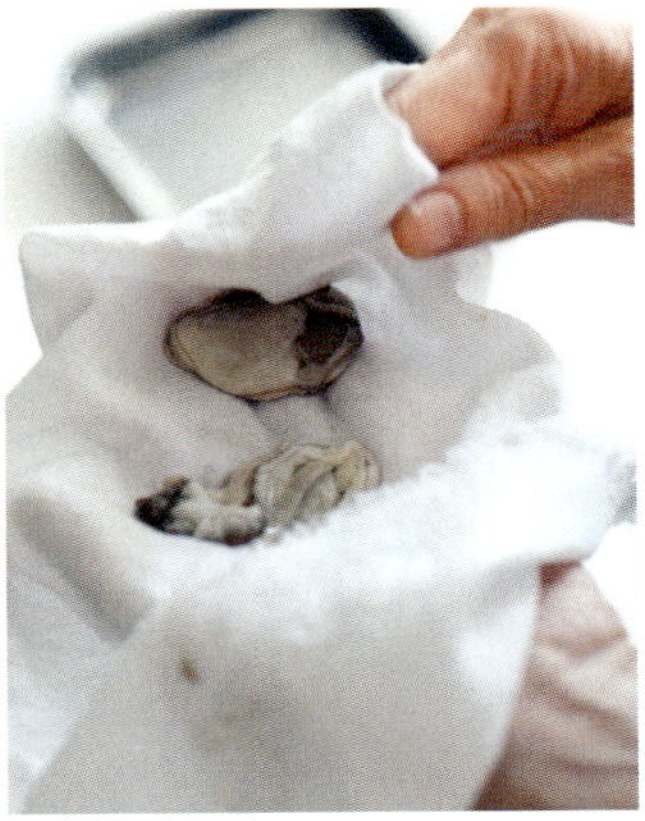

4

カキの殻の開け方とむき身の下処理

…

1 カキは深さのある殻に平らな殻が重なった2枚貝。殻をむくときには平らなほうを上にして持ち、殻の厚みが薄いところからナイフを差し込み、左右を探りながら貝柱を切る。これで上の殻が取れるので、下の貝柱も切って身を取り出す。手の保護のため、軍手などをするとよい。

2 開けた殻をみると、貝柱の位置はほぼ真ん中から手前についているが、これも個体差があるらしい。

3 むき身についた殻のかけらは、大根おろしをまぶしてやさしくなじませ、水で洗い流すときれいに取り除ける。むき身の場合は水で洗うだけでよい。

4 洗ったカキの水気はきれいに拭き取る。天ぷらやフライにする場合はなおのこと。

カキの天ぷら

材料（4人分）
生ガキ　300g
酒　大さじ1
しょうゆ　$\frac{1}{4}$カップ
みかん（皮のみ）　2個分
天ぷら粉（市販品）　大さじ3
冷水　大さじ2
揚げ油　適量
すだち　適量

作り方

1　カキは水でよく洗い、ざるに上げて水気をよくきり、さらに水気を拭く。

2　酒、しょうゆを合わせる。

3　みかんの皮をきれいに洗い、ひと口大に切る。

4　②のたれにみかんの皮とカキを入れてよく混ぜ、冷蔵庫に3〜4時間おく。

5　④のカキをざるに上げ、しばらくおいて汁気をよくきる。

6　天ぷら粉を冷水で溶いて衣を作る。⑤のカキをからめ、熱した油でカリッと揚げる。好みですだちなどのかんきつ類を絞っていただく。

*　天ぷらの衣は少なめに用意し、足りなくなったら、そのつど作り足すと家庭では無駄がない。

カキといえばフライになりがちなところを、あっさりした天ぷらもおすすめです。しょうゆと酒で下味をつけ、みかんの皮で香りづけするのも冬ならでは。皮はとくに干したりせず、気楽に利用していますが、味がまろやかになる気がします。食べ方は揚げたてそのままか、かんきつ類を絞るくらい。うちのビュッフェではカキの天ぷらを竹串に刺し、小皿を組み合わせた盛りつけが好評です。

カキは海外の冬の旅でもよくお目にかかり、まず生ガキと冷えた白ワインを注文してひと心地つくことも。振り返って日本の冬は鍋。私は鍋料理だけで一食終わってしまうのが残念で、ふだんうちでは頻繁に鍋をしないのですが、カキ鍋だけは別です。野菜と一緒にみそ味でいただくカキはふっくらと甘く、濃厚な味がたまりません。煮すぎないようにだけ気をつければ、おいしくできます。

カキ鍋

材料（4人分）

- 生ガキ　300g
- 絹ごし豆腐　1丁
- 白菜　4〜5枚
- しめじ　1パック
- みそだれ
  - みそ　200g
  - 酒　1/4カップ
  - みりん　1/2カップ
  - 砂糖　25g
- だし汁　5〜6カップ

作り方

1 みそだれを作る。鍋にみそ、酒、みりん、砂糖を合わせ、よく混ぜてから中火にかける。ふつふつとしてきたら弱火にして、10分くらい焦がさないように煮詰める。

2 カキは水でよく洗い、水気をよくきる。豆腐は9等分にする。白菜はひと口大に切り、しめじは石づきを取り、小房に分ける。

3 土鍋に②のカキ以外の材料を入れ、鍋のふちに①のみそだれを味が濃くなりすぎないように適量塗り、だし汁を静かに注ぐ。

4 ③を火にかけ、材料が煮えてきたら上にカキをのせる。カキが煮えすぎないうちにいただく。

＊ 煮汁が煮詰まって味が濃くなったらだし汁を加える。味が薄い場合はみそだれで調整する。

お正月《しょうがつ》

ふだんの忙しさを
少しだけ忘れて
家族でくつろぐひととき

　買い出しを暮れの三十日の早めに済ませ、それから年越しとおせちの支度を始めます。大みそかは朝から目の回る忙しさ。前日からみつに漬けておいた黒豆を煮ながら、だし汁を大鍋でまとめてとり、野菜を切ってお煮しめを作り、菊花かぶを漬け、なますをあえて……。おせち作りは一年に一度のことなので、段取りを確認してひとつずつ、心をこめて作ります。一段落したら、この日の夜のおもてなしの準備です。にぎやかな一夜が明ければお正月。娘、息子がそれぞれ結婚してからは、三組の夫婦が集まって新年を祝います。伝統的な日本の味、実家の母ゆずりの味、家族が好きな和風の味が並ぶ元旦の食卓。うちの夫は「三が日ずっとおせちがいい」というくらいこういう料理が好き。二日、三日は夫と私で食べきれる分を小さなお重に詰めて、ふたりでのんびり三が日を過ごすことも多くなりました。

お重の一段には黒豆（P. 100）、ゆず大根（P. 99）、野菜のお煮しめ（P. 99）、だしみつ卵（P. 105）、豚のみそ漬け（P. 241）を、もう一段には菊花かぶ（P. 100）、母なます（P. 103）、ごぼうの土佐煮（P. 103）などを詰め合わせます。汁気のものは入れ子にした小さな器に盛っています。

お重に詰めるといかにもおせち料理ですが、一品ずつはふだんの食卓に合うものがほとんど。野菜だけのお煮しめは鶏肉が入る筑前煮と違い、あっさりして、ほかにごちそうが並んだときの副菜にも便利です。ゆず大根の市販品はときどき甘すぎることがあり、うちでは手作りするようになりました。ぽりぽりした大根の食感とゆずの香り、甘酢のさわやかさがあとを引きます。作って2~3日はおいしく食べられるので、今やうちの冬の定番です。

野菜のお煮しめ

材料（作りやすい分量）
干ししいたけ　小8枚
にんじん　1本
ゆでたけのこ　小2個
ごぼう　1本（250g）
れんこん　1節（300g）
こんにゃく　1枚（380g）
サラダ油　大さじ2
だし汁　3カップ
しょうゆ　大さじ5
砂糖　大さじ4
酒　大さじ2
みりん　大さじ4

作り方
1　干ししいたけは水で戻して軽く水気を絞り、石づきを除く。にんじんは皮をむき、2cm幅の輪切りにする。たけのこは2cm幅のいちょう切りにする。
2　ごぼうは皮をむき、2cm幅の斜め切りにし、水にさらして水気をよくきる。れんこんは皮をむき、2cm幅のいちょう切りにし、水にさらして水気をよくきる。こんにゃくは熱湯でゆでてアク抜きし、ほかの野菜と同じくらいの大きさにちぎって空炒りする。
3　鍋に半量のサラダ油を熱し、ごぼう、にんじん、しいたけ、こんにゃく、たけのこを途中で油を足しながら順に炒め合わせる。
4　だし汁、しょうゆ、砂糖、酒、みりんを加え、煮立ったられんこんを加え、落とし蓋をして煮汁が少なくなるまで煮る。
5　火を止め、そのまましばらくおいて味を含ませる。

ゆず大根

材料（作りやすい分量）
大根　500g
塩　小さじ1
ゆずの果汁　大さじ2
酢　大さじ1〜2
砂糖　小さじ2
だし昆布　5cm角2枚
ゆずの薄い輪切り　½個分

作り方
1　大根は皮をむき、4〜5cm長さ、1cm角の棒状に切る。
2　漬けもの容器に大根を入れて塩をからめ、重石をして3〜4時間おく。
3　②の水気を絞り、ゆずの果汁、酢、砂糖、だし昆布を加えてからめ、さらに1晩ほど漬ける。ゆずの薄切りを加えて味をなじませていただく。

黒豆

材料（作りやすい分量）

黒豆　250g
水　8カップ
砂糖　230g
しょうゆ　大さじ2
塩　小さじ½
重曹　小さじ1

作り方

1　黒豆は洗ってざるに上げ、水気をよくきる。

2　鍋に水、砂糖、しょうゆ、塩、重曹を合わせてひと煮立ちさせ、火を止めて冷ます。

3　②に黒豆を入れて1晩おく。

4　③を火にかけ、煮立ったらアクをすくい取り、弱火で煮含める。

5　黒豆がやわらかくなったら火を止め、そのまま冷まして味を含ませる。

菊花かぶ

材料（作りやすい分量）

かぶ　小8個
水　1カップ
塩　10g
甘酢（下記参照）　½カップ
赤唐辛子の小口切り　1本分

作り方

1　かぶは葉を切り落として皮をむき、根の先端側を上にして縦横に細かく格子状の切り込みを入れる。

2　水に塩を溶かし、かぶを10分くらい漬ける。

3　②がしんなりしたら水気を絞って拭き取り、分量の甘酢に漬けて赤唐辛子を加え、3〜4時間以上おいて味を含ませる。

4　③を菊の花のように開いて器に盛り、漬け汁を適量かける。

甘酢

材料と作り方（作りやすい分量）

1　小鍋にみりん1カップを入れて火にかけ、煮立ったら弱火にして約3分煮詰める。

2　火を止め、熱いうちに砂糖大さじ3と塩小さじ2を加えて溶かす。粗熱がとれたら酢1カップを加えて混ぜる。

＊　残った甘酢は、すし酢代わりやマリネ、酢豚の調味料としても使える。

豆は「まめに働けるように」と願う、おせちの一品。黒豆を一晩、みつにつけてから煮る方法は、上手にできるとみんなにほめられます。豆がやわらかくなったら火を止めてそのまま冷ますと、味を含んでふっくらつやよく仕上がります。菊花かぶは細かく入れた切り込みが名前の通り美しく、私も大好き。甘酢に唐辛子の辛さがアクセント。小かぶを使ってコロンとした形に作っていますが、大根を角切りにして同じように作ってもおいしくいただけます。

母なますは私の母直伝の味で、おせちには欠かせません。大根、にんじんは塩でしんなりさせて水気をかたく絞り、油揚げとしいたけを甘辛く煮たものと合わせた、ごまあえ風のなますです。油揚げの中の白い部分を削り、あえ衣に加えるのは母らしいていねいな仕事。味に深みを出すのに母は、さらに干し柿も必ず入れるのだとか。口に入れると大根がシャキシャキして、コクのある味わいは圧巻です。ごぼうの土佐煮はシンプルに煮て削りガツオをまぶしたもの。冷めてもおいしさは変わりません。

母なます

材料（作りやすい分量）
干ししいたけ　4枚
油揚げ　1枚
大根　½本（650g）
にんじん　⅓本
だし汁　大さじ3
しょうゆ　大さじ1
砂糖　大さじ1
みりん　大さじ1
あえ衣
　白炒りごま　80g
　砂糖　大さじ3
　酢　大さじ4〜5
　薄口しょうゆ　小さじ2
塩　適量

作り方

1　干ししいたけは戻して軽く水気を絞り、石づきを除いてせん切りにする。

2　油揚げは熱湯にくぐらせて油抜きし、水気を絞る。包丁で1枚に開き、中の白い部分を包丁でこそげ取って、細いせん切りにする。

3　鍋にだし汁、しょうゆ、砂糖、みりんを合わせて煮立て、しいたけと油揚げを加え、煮汁が少なくなるまで弱火で煮含め、冷ます。

4　大根、にんじんは皮をむき、5〜6cm長さのせん切りにする。大根は塩小さじ1、にんじんは塩小さじ⅓をからめ、しんなりしたら、水気をかたく絞る。

5　あえ衣を作る。ごまは軽く炒ってすり鉢でする。油揚げの白い部分を加えてよくすり混ぜ、砂糖、酢、薄口しょうゆを順に加えてさらによくすり混ぜる。

6　⑤に③のしいたけと油揚げ、④の大根、にんじんを加えて混ぜ合わせ、味をみて塩で調味する。

ごぼうの土佐煮

材料（作りやすい分量）
ごぼう　2本（350g）
だし汁　½カップ
しょうゆ　大さじ1½
砂糖　大さじ1½
酒　大さじ1
みりん　大さじ1
削りガツオ　2袋（10g）

作り方

1　ごぼうは皮をむき、1.5cm幅の斜め切りにし、水にさらして水気をよくきる。

2　熱湯でごぼうを下ゆでして水気を拭く。

3　鍋にだし汁としょうゆ、砂糖、酒、みりんを合わせて煮立て、②のごぼうを入れ、落とし蓋をして煮汁が少なくなるまで煮る。

4　火を止め、削りガツオを加えてまぶす。

なるべく調理を控えたい元旦ですが、だしみつ卵だけは別。湯気が出るくらいアツアツを大根おろしで食べたくて、いつも朝から台所に立っています。といっても、うちでいつも常備しているだしみつがあれば調味は簡単。みりんのやさしい甘さとだし汁のうまみがきいた卵焼きがすぐにできます。お重のおせちやお刺身に、焼きたてのだしみつ卵が加わるだけで、幸せな気持ちになります。

だしみつ卵

材料（4人分）
卵　5〜6個
だしみつ　大さじ5〜6
サラダ油　適量
大根おろし　適量
しょうゆ　適量

作り方
1　ボウルに卵を溶きほぐし、だしみつを加えてよく混ぜて、こす。
2　卵焼き器にサラダ油を熱し、ペーパータオルなどでならして全体に油をなじませる。
3　卵液を少量流し入れ、半熟のうちに手早く片側にまとめて芯にする。油が足りなければ②の要領で足し、再び卵液を少量流し入れ、芯の下にも行き渡るようにして巻き込む。これを何度か繰り返す。
4　③を巻きすやキッチンペーパーなどで巻いて形を整える。切り分けて器に盛り、大根おろしとしょうゆを添える。

だしみつ

材料と作り方（作りやすい分量）
1　鍋にだし汁3カップを温めて火を止める。砂糖250gを加えてよく溶かし、塩15g、しょうゆ大さじ2を加える。
＊　余っただしみつは保存容器に入れて冷蔵庫で保存し、早めに使いきる。炒り卵や薄焼き卵の調味、煮ものの全般の調味にも利用できる。

寒くなると、生のままより軽く昆布でしめた鯛やヒラメがおいしく感じます。これは余分な水分が抜けて魚のうまみが凝縮されるのと、昆布のうまみもほんのり加わってのこと。刺身用のサクを使えば、家庭でも案外、手軽に楽しめます。魚は脂のあまり強くない白身魚が向いているので、作りやすいのはやはり鯛でしょうか。酒のつまみや、握りずしにのせれば本格的な和食の完成です。

鯛の昆布じめの握りずし

材料（作りやすい分量）

鯛の昆布じめ
- 鯛（刺身用）　1サク
- だし昆布　適量

しいたけの甘辛煮
- 干ししいたけ　小8枚
- しいたけの戻し汁　¼カップ
- しょうゆ　大さじ1
- 砂糖　大さじ1
- 酒　大さじ1
- みりん　大さじ1

だしみつ卵（105ページ参照）
- 適量

米　1カップ

すし酢
- 酢　¼カップ
- 砂糖　大さじ1
- 塩　小さじ½

青じそ　10枚
白炒りごま　大さじ1
わさびのすりおろし　適量
すだち・ゆずなど　適量
しょうゆ　適量

作り方

1　鯛の昆布じめを作る。だし昆布は鯛の大きさに合わせて切り、さっと塩気を水洗いして水気を拭く。鯛をはさみ、ラップで包んで冷蔵庫に半日くらいおく。

2　しいたけの甘辛煮を作る。干ししいたけは戻して水気を軽く絞り、石づきを除く。小鍋に戻し汁、しょうゆ、砂糖、酒、みりんを合わせて煮立て、しいたけを入れ、落とし蓋をして汁気が少なくなるまで煮る。火を止め、そのまま冷まして味を含ませる。

3　米はといでざるに上げ、かために炊く。

4　すし酢を作る。ボウルに酢を入れ、砂糖、塩を加えて溶けるまでよく混ぜる。

5　③に④のすし酢を加えて切るように混ぜ、細かく刻んだ青じそとごまを加え、等分して握る。

6　⑤に好みでわさびを塗り、薄くそぎ切りにした鯛の昆布じめ、しいたけの甘辛煮、食べやすく切っただしみつ卵をのせる。器に盛り合わせ、しょうゆやすだちなどを添える。

鶏と小松菜の雑煮

焼いた角もちにしょうゆ味のすまし汁、具は鶏肉、かまぼこ、小松菜のさっぱりした東京の雑煮がうちの基本です。ときには鶏肉が鴨肉や鴨だんごになりますが、江戸の頃は鴨肉がよく使われていて、しかもお正月に限らず、おめでたい席やおもてなしにも出されていたと聞くと、雑煮を寒い季節の定番にしたい私としては心強い限り。たまに目先を変えたいときはすりごまをふってごま汁にしています。

材料（4人分）

鶏もも肉　½枚
小松菜　1束
だし汁　4カップ
しょうゆ　大さじ4
酒　大さじ1
みりん　大さじ1
切りもち　4枚
かまぼこ　8切れ
へぎゆず　適量

作り方

1　鶏肉は薄くそぎ切りにする。

2　小松菜は葉と軸に分けてゆで、水にとる。水気を絞り、4～5cm長さのざく切りにする。

3　鍋にだし汁、しょうゆ、酒、みりんを入れて火にかけ、煮立ったら鶏肉を加えて煮る。アクが出たら取り除く。

4　熱した焼き網かオーブントースターでもちをこんがりと焼く。

5　椀に焼いたもち、かまぼこ、小松菜を入れ、あつあつに熱した③の汁を鶏肉ごと注ぎ、へぎゆずを添える。

第2章
白いごはんとおみそ汁

鍋蓋からしゅーっと上がる湯気が、炊き上がりの近いことを知らせます。仕事でよく行くイギリスでも、私はキッチンつきのアパートで、日本にいるときと同じようにごはんを炊いています。私の料理は洋と和が混ざり合ったものも多いせいか、やっぱり白いごはんと食べたくなるのです。ふだん、仕事でたくさん炊くときは炊飯器が便利ですが、厚手鍋や土鍋でごはんがおいしく炊けるとどこへ行っても安心。炊きたてのごはんは、私の元気のもとです。そして白いごはんにはみそ汁が欠かせません。ていねいにだし汁をとって作ると、体にしみ通っていくようなおいしさがあります。ここでは四季のみそ汁、さらに自家製みそもあわせてご紹介しましょう。

残したい日本の道具…2

すり鉢とすりこぎ

私が生まれ育った伊豆下田の実家の、台所と茶の間をへだてる柱には、小さな傷があります。朝に夕に、母がその柱にすり鉢を押しつけてごまをするので、長い年月のうちに傷がついたのです。それくらい母は毎日ごまを炒ってすり、ごま汁、ごまあえ、ごま煮などのごま料理を、今だに作り続けています。

そんな母に育てられたせいか、私もごまが大好き。食べるだけでなくすり鉢でごまをすること自体、趣味といっていいほど好きです。ゴリゴリ、シャリシャリと響く低い音、すりこぎを通して伝わる感触。やがて得も言われぬ芳香が立ち上り、手は意識しなくてもリズミカルに動くようになります。目を閉じると子どもの頃のお手伝いの情景が……。そんな無心になれる時間が好きなのです。

とはいえ忙しい現代、そんな悠長なことをしている暇はないという声が聞こえてきます。すり鉢は重いし場所をとるし、今は便利なすりごまも練りごまもあるし……。わかります、その気持ち。でも、日本人に生まれたからには、ごますりという手仕事の楽しさ、手間暇かけたおいしさをぜひ知っておいてほ

しい。まったく知らずにいるなんて、とても残念な気がします。

　もちろん私も市販のすりごまや練りごまを使います。ただしほんとうにおいしいものを食べたいときは、炒るところから始めます。大事なのは、一から手をかけて作る方法とそのおいしさを知っておくということ。そうすれば、時と場合によって簡単レシピときちんとレシピを使い分けられるでしょう。「毎回きちんと」では料理が苦行になってしまいますから臨機応変に。両方のやりかたを知っていると、料理は楽しく続けられます。

　すり鉢の本家本流といえば福岡県小石原の太田熊雄窯のそれ。安定感があって筋目がしっかりしていてすりやすい、用に徹した道具です。

　すりこぎは、冬に伐採した山椒の木で作ったものが最適とされています。この他、食器として食卓にもだせるストライプ柄、スパイスをするのにちょうどいいミニすり鉢など、いろいろそろえて、その日の料理や食卓の風景にあわせて選ぶのも楽しいものです。

炊きたての白いごはん、みそ汁、おいしい漬けものがうちの朝の基本です。
みそ汁は家族の顔を見てからみそを溶き、煮えばなの熱いところを食卓へ。

家族でゆっくり食卓を囲むときは土鍋でごはんを炊いています

土鍋の蓋をそっと開け、濡らした木べらを鍋底にすべり込ませる瞬間。湯気の中に炊きたてのごはんが光っています。うっすらと色づく薄紙くらいのお焦げも楽しみ。香ばしい香りが食欲を誘います。うちは少しかためのごはんが好きなので、水加減は心持ち少なめ。米と水はだいたい同量です。子どもたちが来るときはお米2〜3カップ、夫と2人だけのときは1カップも炊けば足りるので、まさにままごとのようです。

土鍋ごはん

材料（4人分）

米　2カップ
水　2カップ

作り方

1　ボウルに米とたっぷりの水を入れてひと混ぜし、ぬかが出る最初の水は手早く捨てる。米を混ぜやすい程度に水を入れ、力を入れすぎないように米をとぐ。

2　たっぷりの水を加えて白くなった水を流す。水が濁らなくなるまで、これを何度か繰り返す。

3　ざるに上げ、水気をきったら土鍋や厚手鍋に入れ、同量の水加減をして蓋をし、強火にかける。

4　沸騰してきたら弱火にして約10分炊く。火を止め、約10分そのまま蒸らし、さっくりと混ぜる。

＊　土鍋や鍋で炊く場合、目を離すと吹きこぼれて水加減が変わり、ごはんがかたくなることも。慣れるまでは蓋をしないで強火にかけ、沸騰したのを確かめて蓋をし、弱火で炊く方法もあります。

1

2

3

4

だし汁

材料（約4カップ分）

水　5カップ
だし昆布　10㎝角1枚
削りガツオ　30g

作り方

1　分量の水にさっと洗っただし昆布を入れて10分以上浸す。中火にかけ、煮立つ直前に昆布を取り出す。

2　沸騰したら削りガツオを加え、グラグラ煮立てないように火を弱め、1～2分ほど加熱する。

3　火を止め、鍋底に削りガツオが沈むまでそのまま少しおく。

4　ざるでこす。だし汁を保存する場合は冷蔵庫に入れ、1～2日で使いきる。

昆布とカツオで
ていねいに取っただしは
うまみとあっさりした
コクがあります

毎朝、実家の台所からは母の削り節をかく音が聞こえていました。ていねいに取っただし汁に季節の素材を取り合わせた熱いみそ汁と炊きたてのごはんが、私の中の食の原風景です。だし汁はいうまでもなく和食の基本。自分で削ったカツオ節とまではいわなくても、なるべく新しい削りガツオを買って、昆布とカツオのおだしを取り、みそ汁を作る、おひたしや煮ものを作る、という習慣を若い人たちに伝えていきたいです。

春

三月

四月

五月

アサリとあおさ

アサリはみそ汁に入れるとよいだしが出ます。旬は秋から春先。磯の香りのあおさとともに。

材料（2人分）
アサリ　1パック
だし汁　2カップ
みそ　大さじ1½〜2
あおさ　適量

作り方
1　アサリは砂出しをし、殻をこすり合わせるようによく洗い、水気をきる。
2　鍋にだし汁を温め、アサリを加える。貝が開いたらみそを溶き入れて火を止める。
3　器に注ぎ、あおさを加える。

たけのこと木の芽

香りのよい新たけのこと芽吹きの山椒はこの時季ならでは。香ばしいすりごまの風味も添えて。

材料（2人分）
ゆでたけのこ（穂先部分）　1個分
だし汁　2カップ
みそ　大さじ1½〜2
木の芽　適量
白すりごま　適量

作り方
1　たけのこはひと口大のくし形に切る。
2　鍋にだし汁を温め、たけのこを加えてさっと煮、みそを溶き入れる。
3　火を止めて器に注ぎ、粗く刻んだ木の芽をのせ、すりごまをふって香りを添える。

新じゃが、新キャベツ、新玉ねぎ

春から初夏の身近でみずみずしい野菜の組み合わせ。ひと椀の中にやさしい甘みが広がります。

材料（2人分）
新じゃがいも　1個
新玉ねぎ　¼個
新キャベツ　1枚
だし汁　2カップ
みそ　大さじ1½〜2

作り方
1　じゃがいもは皮をむき、5㎜幅のいちょう切りにし、水にさらして水気をきる。玉ねぎは繊維を切るように薄切りにする。キャベツはひと口大に切る。
2　鍋にだし汁を温め、①の野菜を加えて煮る。
3　野菜に火が通ったら、みそを溶き入れて火を止め、器に注ぐ。

夏

六月

七月

八月

つまみ菜と湯葉

人気のスプラウトの先輩格、つまみ菜と甘みのある湯葉の組み合わせはおいしくて健康的。

材料（2人分）
つまみ菜　¼袋
平湯葉（乾）　1枚
だし汁　2カップ
みそ　大さじ1½〜2

作り方
1　つまみ菜は食べやすく切る。湯葉はぬるま湯でやわらかく戻し、食べやすく切る。
2　鍋にだし汁を温め、湯葉を入れ、みそを溶き入れる。
3　つまみ菜を加えて火を止め、椀に注ぐ。

ワカメと長ねぎ

ワカメは煮すぎず、長ねぎの小口切りと七味ですっきり。熱いみそ汁は暑気払いにも。

材料（2人分）
ワカメ　適量
長ねぎ　⅓本
だし汁　2カップ
みそ　大さじ1½〜2
七味唐辛子　適宜

作り方
1　ワカメは戻して、食べやすく切る。長ねぎは小口切りにして水にさらし、水気をきる。
2　鍋にだし汁を温め、みそを溶き入れ、ワカメ、長ねぎを加えて火を止める。
3　椀に注ぎ、好みで七味唐辛子をふる。

なすとかぼちゃ

なすはやわらかく下ゆでして入れると口当たりがよく、かぼちゃやみょうがと好相性。

材料（2人分）
なす　1本
かぼちゃ　正味30g
みょうが　1個
だし汁　2カップ
みそ　大さじ1½〜2

作り方
1　なすはヘタを取って半割りにし、皮目に格子状の切り込みを入れ、2cm幅に切る。下ゆでして水にとり、ざるに上げる。
2　かぼちゃは種とワタを除き、薄いひと口大、みょうがは小口切りにして水にさらし、水気をきる。
3　鍋にだし汁を温め、かぼちゃを煮て、水気を絞った①を加える。
4　みそを溶き入れて火を止める。椀に注ぎ、みょうがをのせる。

秋

九月

十月

十一月

納豆とオクラ

ネバネバ同士の組み合わせも、みそ汁ならとろみになって温まります。季節の変わり目にぜひ。

材料（2人分）

オクラ　2本
だし汁　2カップ
みそ　大さじ1½〜2
ひきわり納豆　小1パック
万能ねぎの小口切り　適量
七味唐辛子　適宜

作り方

1　オクラはヘタを取り、薄い小口切りにする。
2　鍋にだし汁を温め、みそを溶き入れる。
3　納豆を加えてさっと煮、オクラを入れ、火を止める。
4　椀に注ぎ、万能ねぎを散らし、好みで七味唐辛子をふる。

なめこと豆腐の赤だし

さっぱりとした赤だしになめこと豆腐は王道の組み合わせ。天ぷらの献立にもよく合います。

材料（2人分）

絹ごし豆腐　½丁
三つ葉　適量
だし汁　2カップ
八丁みそ　大さじ1½〜2
なめこ　½袋
粉山椒　適宜

作り方

1　豆腐は軽く水気をきり、三つ葉はざく切りにする。
2　鍋にだし汁を温め、なめこを加えてさっと煮る。
3　みそを溶き入れ、豆腐を手でくずしながら加え、温まったら火を止める。
4　椀に注ぎ、三つ葉をのせ、好みで粉山椒をふる。

きのことほうれん草

きのこは1つよりいくつか混ぜるとうまみが出ます。寒さで甘みを増すほうれん草と一緒に。

材料（2人分）

しめじ　½パック
しいたけ　2枚
ほうれん草　2株
だし汁　2カップ
みそ　大さじ1½〜2

作り方

1　しめじは石づきを取り、長さ2〜3等分に切る。しいたけも石づきを取って薄切りにする。ほうれん草は根元をよく洗い、水気をきって2㎝長さに切る。
2　鍋にだし汁を温め、しめじ、しいたけを入れて少し煮て、みそを溶き入れる。
3　ほうれん草を加えてさっと煮、火を止めて、椀に注ぐ。

冬

十二月

一月

二月

根菜づくし

おかずのような具だくさんの汁。冷え込む日には豚肉も少し加えてコクを出すと温まります。

材料（2人分）
大根　5cm長さ
にんじん　5cm長さ
里いも　1個
油揚げ　½枚
だし汁　2カップ
みそ　大さじ1½〜2
しょうがのすりおろし　適量

作り方
1　大根、にんじん、里いもは皮をむき、ひと口大に切る。油揚げは油抜きをして水気をきり、8mm幅の細切りにする。
2　鍋にだし汁を温め、①の野菜を入れ、やわらかくなったら油揚げを加えてさっと煮る。
3　みそを溶き入れて火を止め、椀に注ぎ、しょうがをのせる。

かぶの白みそ仕立て

絹目のような白みその汁につるんとやわらかなかぶと生のよもぎ麩。おもてなしにも向きます。

材料（2人分）
かぶ　2個
生麩（よもぎ）　4切れ
絹さや　4枚
だし汁　2カップ
西京みそ　大さじ4

作り方
1　かぶは茎を2cmくらい残して皮をむき、1個を6等分する。絹さやは筋を取り、さっとゆでて冷水にとり、水気をきって斜めせん切りにする。
2　鍋にだし汁を温め、かぶを入れ、やわらかくなったら生麩を加えてひと煮立ちさせ、みそを溶き入れる。
3　火を止めて椀に注ぎ、絹さやをのせる。

もやしと豆腐のごま汁

うちの定番、豆腐のごま汁に私の大好きなもやし入り。さらに卵を入れるのも好きです。

材料（2人分）
もやし　½袋
絹ごし豆腐　¼丁
だし汁　2カップ
みそ　大さじ1½〜2
白練りごま　大さじ2
万能ねぎの小口切り　適量

作り方
1　もやしはひげ根を取る。豆腐は2cmの角切りにする。
2　鍋にだし汁を温め、豆腐、もやしの順に入れてさっと煮、みそ、練りごまを溶き入れる。
3　火を止めて椀に注ぎ、万能ねぎをちらす。

仕込みをしてねかせ、ときどき様子をみながら発酵させればみその完成。
うちの味を確かめるように、毎日欠かさずみそ汁を作ります。

自家製みそ

材料（作りやすい量）

大豆　2kg
米こうじ　1.2kg
粗塩　800g

下準備

＊ 大豆はよく洗ってたっぷりの水につけ、1晩おいた後、ざるに上げて水気をきる（a）。

＊ 密閉できる保存容器をよく洗い、熱湯消毒して水気を拭く。さらにアルコール度の高い焼酎などで内側や口のまわり、蓋を拭いてから、側面と底に塩を適量ふる（b）。

作り方

1 鍋に大豆と新しい水を入れ、強火にかける。煮立ったら弱火にし、アクを取りながらやわらかくなるまでゆでる（c）。

2 大豆をゆでている間に、こうじを袋から出して手でよくほぐし（d）、粗塩は最後に表面にふる分を残して加え、混ぜておく。

3 大豆を指でつまんで楽につぶれたら（e）、ざるに上げ、大豆とゆで汁に分ける。

4 大豆が温かいうちに数回に分けてフードプロセッサーかすり鉢に入れ、粒が少し残るくらいまですりつぶす（f）。

5 ④を大きなボウルに入れ、②のこうじを加えて混ぜる。③のゆで汁を加減しながら加え混ぜて普通のみそのかたさにし、さらに全体をよく混ぜる（g）。

6 ⑤を野球ボールくらいの大きさに丸める（h）。

二十数年前、友人から作り方を教わって以来、自家製みそを作っています。仕込み時期は一月、二月の寒い頃。量はまわりにあげる分も入れ、4人家族の2年分くらいです。減塩、添加物なし、風味よし、とつい自慢したくなる手前みそ。うちではみそ汁にそのまま溶かし入れるので粒々が残りますが、それもおいしい味のうち。みそはきゅうりにつけたり、焼きのりにはさんでもいい酒のつまみです。

ただし、近頃の住まいはなかなかよい状態で長期熟成する場所がないので、うちでも半年くらいして味噌の香りがしてきたらみそ汁などに使い始め、この頃は1年ほどで早めに使いきっています。

h

i

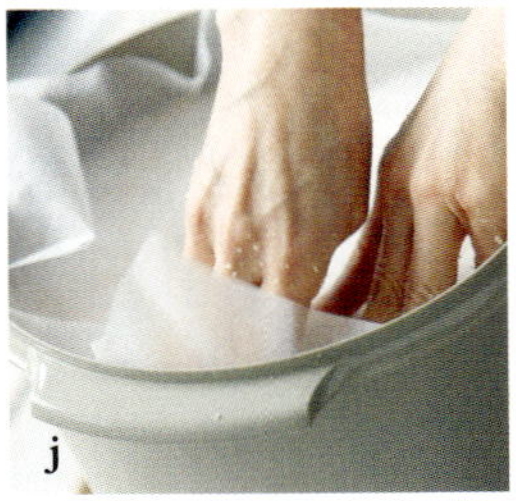
j

k

7 丸めた大豆を準備した容器に詰める。空気が入らないように、容器に投げつけるようにして詰め、1段目を詰めたら指の背を揃えてぴっちりと押さえる。2段目からも同様にする（i）。全部詰め終わったら表面を平らにならす。容器内側で空気に触れる部分はもう一度、焼酎で拭き、表面全体に残りの塩をふる。

8 クッキングペーパーなどでぴったりと表面をおおい（j）、大豆の分量と同じくらいの重しを、ラップなどでくるんでのせ、さらにラップでぴっちり蓋をして容器の蓋もかぶせる。

9 この状態で冷暗所に保存し、熟成させる。ときどきようすを見て、カビがはえた部分は取り除き、薄く塩をふって空気に触れないように密閉してねかせる。

10 半年ほどしたら味をみて、色は薄くてもみその味がしてきたら使い始めてよい。気温が高くなり、保存が難しいときは冷蔵庫に入れて保存しながら使う。写真は1年ほど熟成したもの（k）。褐色になり、つやが出てくる。

第3章

今や日本の家庭の味

炊きたてのごはんにみそ汁、刺し身に煮もの、あえものという、和食一辺倒の私の実家でも、ポテトサラダやコロッケは母が作っていました。ごはん、みそ汁、しょうゆと相性がよかったからでしょうか。日本人の口に合い、長く愛されてきた洋食はほかにも豚カツやカレー、グラタンなどがあります。さらに中国料理では鶏のから揚げやぎょうざ、麻婆豆腐。さらに子どもたちもお小遣いを握りしめて食べに行った横丁の焼きそばやお好み焼きも、今や日本の家庭料理として親しまれ、根づいています。私も結婚して以来、家族のために、数えきれないくらい作ってきました。みんなが好きな味だから、迷ったときにも役に立つ、そんなレシピばかりです。

残したい日本の道具…3

蒸し器

フツフツとお湯のたぎる音に誘われて、蒸し器の蓋を取る。ふわぁと立ち上る湯気、やさしい香り、つややかな卵色の茶碗蒸しがおいしそうに仕上がって……。オーブンの熱でじりじりと焼く西洋料理に対し、しっとりとした蒸気でやさしく素材を包み込む蒸し料理は、いかにも高温多湿のアジアに生まれた発想だという気がします。

　蒸し料理は、材料に均一に火が通るので焦げつきや煮くずれなどの失敗がなく、ふんわり、しっとり仕上がるのが特徴。飲茶《やむちゃ》や温野菜など熱々でいただくものはもちろん、冷めてもかたくなりにくいので、ポテトサラダなどの冷菜やおべんとうにもおすすめです。また煮もののように、煮汁に栄養素が溶けだしてしまうこともなく、素材そのものの持ち味が味わえます。蒸しものは時間がかかると思われがちですが、じゃがいもなどゆでるよりむしろ早く、しかも蒸している間はほかの作業ができるのでとても合理的。素材の味をストレートにシンプルに味わう日本料理には、なるほどぴったりの調理法だと、感心してしまいます。

今日、蒸し器は大きくてかさばると敬遠されがちですが、たけのこやとうもろこしなど大きなものをゆでるなど、蒸しもの以外にも重宝します。電子レンジで代用するという方も少なくないと思いますが、蒸し器ならではのやさしいおいしさは、捨てがたい日本の味だと思うこの頃です。

１３５ページの写真は、京都で取材した鍛金職人、寺地茂さん作の蒸し器。ほどよい厚みのあるアルミを叩いた形、がっちりとした取っ手など、業務用のような頼もしさと巧まざる素直な形が気に入っています。丸く穴のあいたすのこにかぶらない程度に水を入れて火にかけ、沸騰して十分に湯気が立ってから材料を入れます。

上の写真は、中華でおなじみの竹のせいろ。中華鍋など手持ちの鍋に湯を沸かして載せます。飲茶など、2段重ねて一度に2種類蒸すこともできます。竹せいろは、使う前に水にくぐらせて湿らせて、使用後は水洗いして陰干しに。ちょっと面倒に思えても、道具は手入れしながら使うことでますます愛着がわくものです。

コロッケというと、ふだんはじゃがいもに牛ひき肉を混ぜた牛肉コロッケがうちの定番です。おいしく作るコツは切り落とし肉を包丁で細かく刻んでからトントンとたたき、粗びき風にすること。部位が混ざっている分、うまみが出ます。ちょっと奮発して切り落としの上を使えば味も格別。形は小判形やボールなどですが、いくつも食べたいから小さく揚げるのがうちのコロッケです。

牛肉コロッケ

材料（12～15個分）

牛切り落とし肉　200g
玉ねぎ　1個
じゃがいも　中4個（約500g）
塩・こしょう　各適量
バター　大さじ1
生クリーム　大さじ2
薄力粉・溶き卵・パン粉　各適量
揚げ油　適量
キャベツのせん切り　適量
好みのソース　適量

作り方

1　牛肉は細かく刻んでたたく。玉ねぎは5㎜角に切る。

2　じゃがいもは皮ごとよく洗い、蒸気の上がった蒸し器に入れ、20分くらい蒸す。電子レンジの場合は半分に切って切り口を合わせ、1個ずつラップに包んで約8分加熱してやわらかくする。

3　②のじゃがいもが熱いうちに皮をむいてボウルに入れ、つぶす。

4　①の牛肉に軽く塩、こしょうし、フライパンにバターを溶かして牛肉を焼きつけるように炒める。玉ねぎを加えてさっと炒め合わせ、塩小さじ1、こしょう少々で調味する。

5　③のじゃがいもに、④の具を熱いうちに加えて混ぜ、生クリームを加える。

6　⑤を等分して小判形などに成形し、薄力粉、溶き卵、パン粉の順につける。揚げ油を熱し、カリッと揚げる。

7　器に盛り、キャベツのせん切りをたっぷりと添え、ソースをつけていただく。

こんがり焼けたチーズがはみ出すくらいがおいしいグラタン。中でもマカロニグラタンは、たまに食べたくなって作ります。昔風はホワイトソースがさらりとして量も少なかったせいか、マカロニが表面に見えていましたが、今どきはクリーミーに仕上げたホワイトソースをたっぷり、具の鶏肉やエビ、マカロニ、マッシュルームなどにからめ、チーズもたっぷりかけて焼き上げるのが主流です。

マカロニグラタン

材料（4人分）

むきエビ　200g
鶏もも肉　小1枚
玉ねぎ　½個
ブラウンマッシュルーム　1パック
マカロニ　100g
サラダ油　適量
塩・こしょう　各適量
ホワイトソース
　バター　大さじ4
　薄力粉　大さじ5
　牛乳　2½カップ
　生クリーム　1カップ
　顆粒コンソメ　小さじ1
　塩・こしょう　各少々
ピザ用チーズ　150g

作り方

1　エビは洗い、背ワタがあれば取る。鶏肉はひと口大に切る。玉ねぎは薄切り、マッシュルームは石づきを取り、2〜3枚に切る。マカロニは袋の表示を参考にゆでる。

2　ホワイトソースを作る。フライパンにバターを熱し、薄力粉をふり入れて焦がさないように炒める。牛乳を少しずつ加えてとろみがつくまでよく混ぜながら煮る。生クリームを加え、コンソメ、塩、こしょうで味を調える。

3　別のフライパンにサラダ油少々を熱し、エビを炒め、軽く塩、こしょうをふって取り出す。サラダ油を足し、鶏肉を加えて焼きつけるように炒め、軽く塩、こしょうをふる。玉ねぎ、マッシュルームを順に加えて炒め合わせる。

4　②のホワイトソースに③の具とマカロニを加え、塩、こしょうで味を調える。オーブンを230℃に予熱する。

5　④を耐熱容器に入れ、ピザ用チーズをさらに粗く刻んで表面にたっぷりとのせる。230℃のオーブンで約20分焼く。

ポテトサラダ

実家の母は、ポテトサラダは作っていましたが、マカロニサラダまでは昔は作っていなかったと思います。どちらも洋食屋さんのつけ合わせでおなじみの、今ではちょっと懐かしい味。うちでは大鉢に盛っておもてなしにもよく登場したり、子どもたちのおべんとうでは、肉料理の脇によく詰めていました。ポテトサラダのじゃがいもは、ひと手間かけて蒸して使うとホクホクに仕上がります。

材料（4人分）

じゃがいも　4個（600g）
にんじん　小1本
きゅうり　2本
玉ねぎ　¼個
ハム　2枚
マヨネーズ　大さじ6〜7
顆粒コンソメ　少々
塩　適量
こしょう　少々

作り方

1　じゃがいもとにんじんは皮ごとよく洗い、蒸気の上がった蒸し器に入れ、じゃがいもは20分、にんじんは15分くらい蒸す。

2　じゃがいもは熱いうちに皮をむき、ボウルに入れて粗くつぶし、コンソメをふる。にんじんは薄い半月切りか、いちょう切りにして加える。

3　きゅうりは薄い輪切りにして塩少々をふり、しばらくおいてしんなりしたら水気を絞る。玉ねぎは薄切りにしてから長さを半分にし、水にさらし、水気を軽く絞る。ハムは半分に切ってから7〜8㎜幅のせん切りにする。

4　じゃがいもが冷めたら、②のボウルに③の具を加え、マヨネーズであえて塩、こしょうで味を調える。

マカロニサラダ

材料（4人分）

マカロニ　150g
きゅうり　2本
玉ねぎ　1/4個
ハム　2枚
マヨネーズ　大さじ5
顆粒コンソメ　少々
塩・こしょう　各少々

作り方

1　きゅうりは輪切りにして塩少々をふり、しばらくおいてしんなりしたら水気を絞る。玉ねぎは薄切りにして水にさらし、水気を軽く絞る。

2　ハムは半分に切ってから5㎜幅のせん切りにする。

3　マカロニは袋の表示を参考にゆで上げ、ボウルに入れる。

4　マカロニが冷めたら、①、②を加えてマヨネーズであえ、コンソメ、塩、こしょうで味を調える。

ミートソーススパゲッティ

材料（4人分）

ミートソース（作りやすい分量）

合いびき肉　500g
ベーコン　50g
玉ねぎ　1個
にんじん　½本
セロリ　½本
にんにくのみじん切り　1片分
マッシュルーム（スライス）
　中1缶（185g）
オリーブ油　大さじ2
赤ワイン　¼カップ
手作りデミグラスソース
　（下記参照）2½カップ
トマトケチャップ　適宜
好みのソース　適量
ハーブ
ローリエ　2枚
バジル　2～3本
ローズマリー　1～2本
オレガノ　2～3本
タイム　2～3本

塩・こしょう　各適量
スパゲッティ　320g
パルメザンチーズ　適量

作り方

1　ミートソースを作る。ベーコン、玉ねぎ、にんじん、セロリはそれぞれ粗みじんに切る。マッシュルームは汁気をきる。

2　フライパンにオリーブ油を熱し、にんにく、ベーコンを炒める。ひき肉を加えて炒め、軽く塩、こしょうをふる。さらに玉ねぎ、にんじん、セロリを加えて炒め、マッシュルームも加える。

3　赤ワインを加え、ひと煮立ちさせてアルコール分を飛ばし、手作りデミグラスソースを加える。

4　ハーブを加え、混ぜながら10分くらい煮込み、全体がよくなじんだら塩、こしょう、ケチャップ、好みのソースで味を調える。

5　スパゲッティは袋の表示を参考にかためにゆで上げる。

6　ゆでたてのスパゲッティを器に盛り、④のミートソースをたっぷりとかけ、パルメザンチーズのすりおろしと好みでこしょうをふっていただく。

手作りデミグラスソース

材料と作り方（約5カップ分）

1　厚手鍋にバター100gを溶かして薄力粉100gをふり入れ、弱火でていねいに炒める。

2　香ばしい香りが立って茶褐色に色づいてきたら赤ワイン½カップを少しずつ加えて混ぜ、トマトケチャップ1¼～1½カップ、ウスターソース大さじ2～3、トンカツソース大さじ3～4、顆粒コンソメ大さじ1、ローリエ2枚と水5カップを加えて煮る。

3　アクが出たら取り、ときどき混ぜながら⅔量くらいになるまで弱火で煮つめ、塩、こしょうで調味する。

ひき肉のぽろぽろ感がおいしい、昔ながらのミートソーススパゲッティ。ひき肉以外に、みじん切りの野菜がたっぷりなので、たくさん食べても重い食感になりません。うちではミートソースに欠かせないデミグラスソースも手作りにこだわります。これで煮込むと短時間でコクが出て、具とよくなじみます。1回量が多めにできるので、残りは煮込みハンバーグやビーフシチューなどにも使っています。

サバに小麦粉をまぶしてカリッと焼いたシンプルな一皿です。クリーミーでやわらかなマッシュポテトとサバの組み合わせは、外国の海辺の料理みたいでどこか新鮮。サバのおいしさを再発見する味わいです。焼き上がりにかけるウスターソースをしょうゆに、マッシュポテトを大根おろしに、レモンをすだちに、マスタードを七味唐辛子に代えれば、洋風から和風に早変わりも簡単。

サバのソテー

材料（4人分）
サバ（3枚おろし）　2枚
塩・こしょう　各少々
薄力粉　適量
オリーブ油　大さじ1
マッシュポテト
　じゃがいも　4個（正味400g）
　牛乳　½カップ
　生クリーム　¼カップ
　顆粒コンソメ　小さじ½
　塩・こしょう　各少々
ウスターソース・粗びきこしょう・
　マスタード・レモン・
　オリーブ油　各適量

作り方
1　サバは骨抜きを使って小骨を抜き、全体に軽く塩、こしょうして、薄力粉を薄くつける。
2　フライパンにオリーブ油を熱し、サバを皮目から入れ、焼き色がついたら裏返して両面をこんがりと焼く。
3　マッシュポテトを作る。じゃがいもは皮をむき、ひと口大に切って水にさらして水気をきる。耐熱ボウルにペーパータオルを敷いてじゃがいもを入れ、ふわっとラップをかけて電子レンジで約5分加熱する。熱いうちに裏ごししてなめらかにし、牛乳、生クリームを加える。コンソメ、塩、こしょうで味を調える。
4　器に焼きたてのサバと温かいマッシュポテトを盛り、サバは好みでウスターソース、粗びきこしょう、マスタード、レモンを添える。マッシュポテトのくぼみにはオリーブ油を入れる。

牛肉と野菜のカレー

材料（4〜6人分）

牛肩ロース肉（かたまり）　600g
にんじん　2本
じゃがいも　4個
玉ねぎ　3個
にんにくのすりおろし　小さじ1
しょうがのすりおろし　小さじ1
バター　50g
サラダ油　少々
赤ワイン　1/4カップ
水　6〜8カップ
ローリエ　2枚
牛乳　2カップ
カレールー（好みのもの）　200g
塩・こしょう　各少々
トンカツソース適量
ウスターソース　適量
トマトケチャップ　適量
ガラムマサラ　適量
コリアンダーシード　大さじ1
ごはん（好みで雑穀入り）　適量
薬味
　酢じょうゆ卵（下記参照）　適量
　らっきょう漬け・福神漬け　各適量

作り方

1　牛肉は3cm角に切る。にんじんは皮をむき、1.5cm幅の輪切りまたは半月切りにする。じゃがいもは皮をむき、1個を8等分にして水にさらして水気をよくきる。玉ねぎは皮をむき、縦半分に切ってから薄切りにする。

2　鍋にバターを溶かし、にんにく、しょうがを焦がさないように炒める。香りが出たら玉ねぎを加え、最初は中火で水分を飛ばすように炒め、途中で弱火にしてあめ色になるまで炒め、取り出す。

3　同じ鍋にサラダ油を熱し、牛肉を入れ、塩、こしょうして表面を焼きつけ、赤ワインを加える。

4　②を戻し入れ、水をなじませながら加え、アクを取り肉がやわらかくなるまで蓋をして煮る。

5　にんじん、じゃがいも、ローリエを加えて煮る。野菜がやわらかくなったら牛乳を加え、カレールーを加えて溶かし、軽く煮る。

6　トンカツソース、ウスターソース、ケチャップ、塩、こしょうで味を調え、少し煮てなじんだら、ガラムマサラ、すりつぶしたコリアンダーシードを加える。

7　ごはんにカレーをかけ、好みの薬味を添える。

＊　酢じょうゆ卵　ゆで卵4〜6個に対し、しょうゆ大さじ2、酢大さじ1、砂糖小さじ1で2〜3時間以上漬ける。ポリ袋などに入れて密封すると全体に味がなじみやすい。

じゃがいも、にんじん、玉ねぎなどおなじみの野菜と好みの肉、市販のカレールーで作る、それぞれのおうちカレー。うちではこの牛肉と野菜のカレーがそれです。子どもたちも小さい頃から食べ慣れた味なので、タイカレーとかインドカレーとかいいながらも、ときどきこの味が食べたくなるのだとか。カレーに牛乳を入れるのは昔、夫に教えてもらいました。辛みがマイルドになり、コクが出ます。

豚カツ

豚肉はなるべく厚切りにして、衣はサクサク、中はジューシーに仕上げます。やわらかいのはヒレカツ、食べておいしいのは脂身が適度に入った肩ロースやロースカツ。うちは豚肉というと肩ロース派で、ここでは肩ロースとロースの中間あたりを使っています。キャベツは山盛り添えてもまだ足りないくらいおいしくて合いますから、豚カツの日はまず、キャベツのせん切りから始まります。

材料（4人分）

豚肩ロース肉
（2cm厚さのもの）4枚
塩・こしょう　各少々
薄力粉・溶き卵・パン粉　各適量
揚げ油　適量
キャベツ　適量
和がらし・好みのソース　各適量

作り方

1 豚肉は調理する前に早めに冷蔵庫から出しておく。

2 キャベツはせん切りにし、氷水に放してパリッとさせ、水気をよくきってから、冷蔵庫で冷やしておく。

3 豚肉は反り返らないように筋切りをし（a）、軽く塩、こしょうをする。

4 薄力粉をむらなくつけたら余分な粉を払い落とし（b）、全体に溶き卵をからめ（c）、パン粉を押さえるようにつける（d）。

5 熱した油でカリッと揚げ、中まで火を通す。途中、空気に触れるように持ち上げて、また揚げ油に戻すと2度揚げ風になってカリッとする。

6 網に上げて余分な油をきり、食べやすく切る。

7 器にキャベツを盛って豚カツをのせ、和がらしを添え、好みのソースをかけていただく。

豚のしょうが焼き

材料（4人分）
豚肩ロース薄切り肉　300g
しょうゆ　大さじ3
みりん　大さじ3
しょうがのすりおろし
　大さじ½〜1
サラダ油　適量
キャベツのせん切り　適量
青じそのせん切り　適量

作り方
1　しょうゆ、みりん、しょうがのすりおろしを合わせて、たれを作る。豚肉は焼く前に冷蔵庫から出しておく。
2　豚肉は焼く直前に、重ならないようにたれに浸して、さっと味をからめる。
3　フライパンにサラダ油を熱し、豚肉の汁気をきって入れ、手早く両面を焼きつける。
4　キャベツと青じそを合わせて器に盛り、焼きたての③をのせる。

ふだんの日、夫の朝ごはんに豚のしょうが焼きを2〜3切れ、焼いて添えることがよくあります。量は控えめでも好きなものがちょっとずつ並ぶと喜んでもらえるので、ほかにはポテトサラダやしめサバ、南蛮漬けなど、作りおきも混ぜながら献立にしています。しょうが焼きをおいしく作るには、たれにつけすぎないこと。バットなどにたれを用意したら、豚肉を広げて次々にからめ、すぐに焼くと肉がやわらかく、味が濃くなることもありません。おべんとうのおかずにも向き、初夏にはグリーンピースごはんとしょうが焼きの組み合わせも楽しみです。

焼きそばは手際のよさが大事です。準備万端整えて炒め始めたら手を止めずに仕上げます。こだわりは、炒める前に蒸し麺をていねいにほぐすことと味の決め手になるソースは、調味料を合わせて作ること。うちでソース焼きそばといえば具は豚肉、キャベツ、もやしが定番。仕上げの青のりとたっぷりの紅しょうがも欠かせません。この組み合わせはこれからもきっと変わらないと思います。

ソース焼きそば

材料（4人分）
中華蒸し麺　3玉
豚肩ロース切り落とし肉　150g
キャベツ　3〜4枚
もやし　1袋
顆粒鶏ガラスープ　大さじ1
オイスターソース　大さじ1
トンカツソース　大さじ4〜5
サラダ油　大さじ2
塩・こしょう　各適量
青のり・紅しょうが　各適量

作り方
1　中華蒸し麺はていねいにほぐす。麺がくっついているところは1本ずつにしておく。
2　豚肉は大きければ切り、塩、こしょう各少々で軽く下味をつける。キャベツは3cm角くらいに切る。もやしはひげ根を取る。
3　顆粒鶏ガラスープ、オイスターソース、トンカツソースを合わせて混ぜる。
4　フライパンにサラダ油大さじ1を熱し、豚肉を炒める。途中で油大さじ1を足し、キャベツ、もやしを順に加え、手早く炒め合わせる。
5　麺を加えて手早く混ぜ、③を加え、塩、こしょう各少々で味を調える。
6　器に盛り、青のりをふり、紅しょうがを添える。

うちの味がいちばんといってもらいたくて、お好み焼きでもついひと工夫。生地は山いものすりおろしをだし汁でのばし、卵を混ぜ、薄力粉をふるい入れるとふわっとした食感に焼き上がります。お好み焼きといえば残ったキャベツを食べきるレシピのように思われますがいえいえ、みずみずしいキャベツと新鮮な魚介で作ってみると、こんなにおいしいものだったのかとあらためて気づきます。

お好み焼き

材料（4人分）

豚肉しゃぶしゃぶ用　12枚
イカ（胴の部分）　1パイ分
むきエビ　150g
キャベツ　3枚（150g）
山いも　100g
万能ねぎの小口切り　½カップ
紅しょうが　大さじ2〜3
だし汁　½カップ
薄力粉　1カップ
天かす　大さじ2〜3
卵　5個
サラダ油　適量
好みのソース　適量
マヨネーズ　適量
青のり　適量
削りガツオ　適量

作り方

1　イカは縦4cm横2cmの短冊切りにする。エビは洗って背ワタを取り、大きければ切る。

2　キャベツはせん切りにする。山いもはすりおろす。万能ねぎは小口切りにし、紅しょうがはみじん切りにする。

3　山いもにだし汁、卵1個を加えてよく混ぜ、薄力粉をふるい入れ、キャベツ、イカ、エビ、天かす、万能ねぎ、紅しょうがを順に加えてよく混ぜる。

4　フライパンにサラダ油少々を熱し、③の生地の¼量を流す。生地の表面が乾かないうちに豚肉3枚をのせ、返す。

5　別のフライパンにサラダ油少々を熱し、卵1個を割り入れて焼き、卵黄を軽くほぐす。お好み焼きの豚肉の面を下にして、卵焼きにのせる。残りも同様に焼く。

6　卵焼きの面を上に返して器に盛る。好みのソース、マヨネーズをぬり、青のりをふり、削りガツオをのせる。

日本食ブームの海外でyaki-toriという看板に出合うのも、今は珍しくありません。竹串に刺した形はまさにフィンガーフード、甘辛いたれもみんな大好きです。焼き鳥は日本でもお店で食べるか買ってくるものという印象がありますが、新鮮ないい素材があれば家庭でも試す価値あり。七輪に炭をおこして焼くのも一興。もっと手軽なのは焼き網かグリルです。それも無理ならフライパン焼きにしても。コツは皮目から先に焼くこと。こんがり焼き色をつけると香ばしく仕上がり、余分な脂も落ちます。

焼き鳥

材料（12本分）

鶏もも肉　2枚
長ねぎ　3〜4本
甘辛だれ
　しょうゆ　1/4カップ
　砂糖　大さじ1
　みりん　1/4カップ
七味唐辛子　適量

作り方

1 甘辛だれを作る。小鍋にしょうゆ、砂糖、みりんを入れ火にかけ、煮立ったら弱火にし、ほんのりとろみがつくまで煮詰める。

2 鶏肉は4cm角くらいに切る。長ねぎは4cm長さに切る。

3 焼き網かグリルをよく熱し、長ねぎを焼いて中まで火が通ったら取り出す。

4 鶏肉は皮目から焼き、焼き色がついたら返して、途中でたれを塗りながら中まで火を通す。

5 鶏肉と長ねぎを竹串に交互に刺し、甘辛だれをからめ、七味をふる。

うちはおおぜいでごはんを食べることも多いので、献立にボリュームの出る揚げものが欠かせません。中でも人気は鶏のから揚げ。スパイシー風味、エスニック風味……、飽きないようにときどき下味で変化をつけますが、結局シンプルなしょうゆとにんにく味に戻ってきます。下味をつけたら卵、片栗粉、薄力粉を加えてよくもみ込むと、溶けた粉がとろりと肉にからみます。これを揚げれば中はジューシー、まわりはサクッ。まわりに粉をたっぷりまぶして揚げるやり方よりも、中がふっくらやわらかく感じます。

鶏のから揚げ

材料（4人分）

鶏骨付きブツ切り肉
　または鶏もも肉、胸肉
（合わせて）600g
にんにくのすりおろし　小さじ1
しょうゆ　大さじ1
卵　1個
片栗粉　大さじ4
薄力粉　大さじ1
揚げ油　適量
すだちなどのかんきつ類・おろしポン酢・マヨネーズ・トマトケチャップなど　適宜

作り方

1　鶏肉は食べやすく3cm角くらいに切る。

2　ボウルに鶏肉を入れ、にんにくとしょうゆを加えてからめ、30分くらいおく。

3　②に卵を加え、手でよくもみ込む。片栗粉と薄力粉をふり入れ、さらによくもみ込んでからめる。

4　揚げ油を熱し、③の鶏肉をカリカリに揚げて中まで火を通す。

5　揚げたてを器に盛り、好みでかんきつ類を絞ったり、おろしポン酢、そのほかを添えていただく。

片栗粉を薄力粉より多めに加えてもみ込むとサクッと揚がります。

白いごはんに
あつあつの麻婆豆腐を
のせて食べるのが最高

　四川料理で知られた麻婆豆腐が、うちでもすっかりおなじみです。まろやかな辛みの中にしびれるような山椒の辛みが入り混じり、ごはんとの相性は抜群。豆腐はあまりくずしたくないので、私は1度さっとゆでて水気をきって使います。香味野菜を刻み、合わせ調味料を用意し温めたら、あとは一気に炒めて手早く仕上げます。小さいお子さんがいたり、辛いのが苦手なら、豆板醤と花椒は控えめに。

麻婆豆腐

材料（4人分）

合いびき肉または牛ひき肉
　200g
絹ごし豆腐　2丁（600g）
長ねぎのみじん切り　大さじ2
しょうがのみじん切り　大さじ1
にんにくのみじん切り　大さじ½
サラダ油　大さじ2
紹興酒　大さじ1
豆板醤　大さじ1
合わせ調味料
　湯　2カップ
　顆粒鶏ガラスープ　小さじ2
　砂糖　小さじ1
　しょうゆ　大さじ3
片栗粉・水　各大さじ1強
花椒　大さじ1〜2
ごま油　適量
香菜　適量

作り方

1　豆腐は水気をきって2cm角に切り、塩（分量外）を加えた熱湯でゆで、ざるに上げる。
2　湯、顆粒鶏ガラスープ、砂糖、しょうゆを合わせ、温める。片栗粉は水で溶く。花椒はすりつぶす。
3　フライパンにサラダ油を熱し、長ねぎ、しょうが、にんにくのみじん切りを入れて炒め、香りが出たらひき肉を加えて炒める。
4　肉の色が変わったら紹興酒、豆板醤の順に入れて炒め、②の合わせ調味料を加える。混ぜながら煮立て、水溶き片栗粉をもう一度よく混ぜて入れ、とろみがついたら①の豆腐を加える。
5　仕上げに花椒をふり、ごま油を回し入れて風味をつけ、器に盛る。好みで香菜を添える。

うちの娘も息子も外で食べておいしかったものは、すぐ自分なりに試してみんなの反応を楽しんでいます。これも親譲りというべきでしょうか。ぎょうざはときどき食べたくなって、みんなで包んで作ります。私の好みで両面焼きにすることもあります。具はごく定番の組み合わせ。そんなとき、娘はどこかで習ってきたといって、揚げにんにく入りのぎょうざを、ぱぱっと作ってくれたりします。

焼きぎょうざ

材料（20〜24個分）

白菜　１００g
キャベツ　１００g
にら　50g
豚ひき肉　１５０g
紹興酒　大さじ½
中華スープペースト　小さじ½
にんにくのみじん切り　大さじ１
しょうがのみじん切り　大さじ１
長ねぎのみじん切り　¼本分
塩・こしょう　各適量
ぎょうざの皮　20〜24枚
水　１カップ
ごま油・サラダ油　各適量
ラー油・酢・しょうゆ・すだちなど　各適宜

作り方

1　白菜とキャベツはそれぞれみじん切りにし、塩各小さじ¼をふってからめる。しんなりしたら、水気をしっかり絞る。にらはみじん切りにする。

2　ボウルに白菜、キャベツ、にら、ひき肉を入れ、紹興酒と中華スープペーストを順に加えて練り混ぜる。にんにく、しょうが、長ねぎを加えてさらによく混ぜ、ごま油大さじ1、塩、こしょう各少々を加えて調味し、しばらくおく。

3　ぎょうざの皮を1枚手のひらにのせ、②のたねを適量のせる。縁に水少々（分量外）をつけ、ひだを寄せながら閉じ合わせる。

4　フライパンにサラダ油少々を熱し、半量のぎょうざを並べ入れて少し焼く。

5　水½カップを加え、蓋をして蒸し焼きにする。

6　水分がほとんどなくなったら、ごま油適量を回しかける。よい焼き色がついたら返して両面をカリッと焼き上げ、器に盛る。残りも同様に焼く。ラー油酢じょうゆやすだちなどでいただく。

にらレバ炒め

材料（4人分）

- 鶏レバー　300g
- 長ねぎの青い部分　10cm長さ
- にんにくの薄切り　1片分
- しょうが（つぶしたもの）　小1片分
- にら　1束
- もやし　1袋
- 合わせ調味料
  - スープ（中華スープペースト小さじ½を湯¾カップで溶いたもの）
  - しょうゆ　大さじ4〜5
  - 砂糖　大さじ1½〜2
  - 紹興酒　大さじ1
- サラダ油　大さじ3
- 紹興酒　大さじ1
- 塩・こしょう　各少々
- 片栗粉・水　各大さじ1
- 七味唐辛子　少々
- ごま油　少々

作り方

1 レバーはよく洗い、食べやすい大きさに切ってから汚れを洗い落とす。

2 鍋に湯を沸かし、①のレバー、紹興酒少々（分量外）、長ねぎ、しょうがを入れて下ゆでする。ざるに上げ、水気をよくきる。

3 にらは5〜6cm長さに切り、もやしはひげ根を取る。

4 スープにしょうゆ、砂糖、紹興酒を合わせておく。

5 深めのフライパンに半量のサラダ油を熱し、にんにくを炒める。香りが出たらレバーを加えてよく炒め、塩、こしょうをふる。

6 残りのサラダ油を足し、もやしを加えて炒め、にらも加えてさっと混ぜる。④の合わせ調味料を加え、煮立ったら水で溶いた片栗粉を加えてとろみをつける。仕上げに七味とごま油をふりかける。

麻婆春雨

材料（4人分）
牛切り落とし肉　200g
春雨（乾）　100g
サラダ油　大さじ2
長ねぎの粗みじん切り　½本分
にんにくのみじん切り　1片分
しょうがのみじん切り　1片分
豆板醤　大さじ1
紹興酒　大さじ2
スープ（顆粒鶏ガラスープ大さじ1を湯1¼カップで溶いたもの）
しょうゆ　大さじ4
砂糖　小さじ1
ごま油・香菜　各適量

作り方
1　牛肉は細かく刻む。春雨は戻して食べやすい長さに切る。
2　深めのフライパンにサラダ油を熱し、長ねぎ、にんにく、しょうがを入れて炒め、香りが出たら牛肉を加えて炒める。肉の色が変わったら豆板醤を加えて炒め、紹興酒をふり入れる。
3　②にスープ、しょうゆ、砂糖を加え、煮立ったら春雨を加えて煮汁が少なくなるまで少し煮る。仕上げにごま油を加えて風味をつけ、器に盛って、好みで香菜を添える。

にらレバ炒めはうちの夫が上手で、ときどき作ってくれるのを見て覚えました。夫はレバーにハツ、にらにしめじなどを合わせますが、私は大好きなもやしをたっぷり加えて炒めます。
息子が子どもの頃から好きだったのが麻婆春雨です。私が仕事で遅いときなどよくリクエストされ、用意して出かけました。春雨が汁を吸ってちょっとのびた感じもおいしかったとか。忙しさの中で子どもたちにはさみしい思いをさせたこともふと思い出されます。

ホタテと豚肉のシューマイ

材料（4人分）
豚ひき肉　200g
ホタテ水煮缶　1缶（105g）
玉ねぎ　100g
長ねぎ　50g
中華スープペースト　小さじ1
ごま油　小さじ1
塩・こしょう　各少々
紹興酒　小さじ2
薄力粉　大さじ1
砂糖　少々
シューマイの皮　25枚
キャベツのせん切り　適量
和がらし・酢・しょうゆ　各適量

作り方
1　玉ねぎ、長ねぎはそれぞれ細かいみじん切りにする。ホタテは汁気をきり、汁はとっておく。
2　ホタテの缶汁、中華スープペースト、ごま油を合わせ、①の長ねぎを加えてよく混ぜる。
3　ボウルにひき肉とホタテを入れて混ぜ、①の玉ねぎ、塩、こしょう、紹興酒を加えてよく混ぜる。さらに②、薄力粉、砂糖の順に加えてそのつどよく混ぜ、十分に練り混ぜる。
4　シューマイの皮に③を適量のせて包む。
5　キャベツのせん切りを敷いてシューマイを並べ、蒸気の上がった蒸し器で8分くらい蒸す。
6　器に盛り、さらに生のキャベツのせん切りも添え、からし、酢じょうゆなどをつけていただく。

豚肉とホタテを合わせてうまみを引き出したうちのシューマイ。玉ねぎの甘さと食感がところどころアクセントです。シューマイは蒸すと膨らむので少し離して並べ、下にはキャベツのせん切りを敷きます。私がキャベツ好きなので、しんなりしたキャベツに生のキャベツも添えて二通りを楽しみます。蒸す道具はせいろのほか、写真のように鍋に開閉式の蒸し網をのせて手軽にすることもあります。

中国料理のプロにチャーハンを習ってから、うちのチャーハンも本格的になっています。コツは怖がらずに強めの火でごはんをよーく炒め、一粒ずつパラパラにほぐすこと。プロが味つけに使う中国じょうゆは手に入らないこともあるので、私は手作りの香味じょうゆを使っています。このたれで複雑なうまみと香りをプラス。ホタテと長ねぎのスープはホタテのうまみを生かしたこれもうちの人気者。

牛ひき肉チャーハン

材料（4人分）
牛ひき肉　200g
玉ねぎ　大¼個
卵　3個
塩・こしょう　各少々
サラダ油　適量
ごはん　4膳分
香味じょうゆ（下記参照）
　大さじ4
万能ねぎの小口切り　½カップ分
ザーサイ　適量

作り方
1　玉ねぎはみじん切りにする。
2　卵は溶きほぐして軽く塩、こしょうする。深めのフライパンにサラダ油大さじ2を熱し、卵液を流し入れ、大きく混ぜてゆるい炒り卵を作り、取り出す。
3　②のフライパンにサラダ油大さじ½を熱し、ひき肉をよく炒め、玉ねぎを加えて炒め合わせる。
4　③にごはんを加えて炒め、鍋肌から香味じょうゆを回し入れ、フライパンをあおりながらごはんがパラパラになるまで炒める。
5　④に②の炒り卵を加えてさらに炒めたら火を止め、万能ねぎの小口切りを加え、器に盛る。好みでザーサイや、ホタテと長ねぎのスープを添える。

香味じょうゆ

材料と作り方（作りやすい分量）
しょうゆ1カップに、にんにく2〜3片をスライスしたもの、しょうが小1片は皮をむいて薄切りしたもの、花椒小さじ2を入れる。作ってすぐでも使えるが、冷蔵庫で1〜2日おくと味がなじんでくる。焼きそば、野菜炒めなどの調味にも役立つ。

ホタテと長ねぎのスープ

材料と作り方（4人分）
1　ホタテ水煮缶小1缶は缶の中で身を粗くほぐす。長ねぎ½本は薄い斜め切りにする。
2　鍋に水4カップ、中華スープペースト・紹興酒各大さじ1を合わせて熱し、①のホタテを缶汁ごと入れる。
3　片栗粉小さじ1を同量の水で溶き、②に加えてとろみをつける。長ねぎを加え、塩、こしょう各適量で味を調える。好みで七味をふってもよい。

好きな器は、いつもキッチンから見えるところに並べておくのが私の収納法。
同じ煮ものでも、器を変えて盛りつけるとまったく違った印象になります。

第4章

ほっとする和の煮もの

早起きな私は、朝のうちに材料を準備して煮ものを作っておくことがよくあります。春はたけのこの土佐煮やふきのごま煮、夏ならなすの含め煮、秋はさつまいもやかぼちゃの煮もの、冬にはブリ大根。季節を問わないものであれば、ここでご紹介する肉じゃが、五目豆、牛肉のしぐれ煮、厚揚げの甘辛煮、おから、山椒ちりめんなど。体がちょっと疲れているときは、やさしい味の煮ものが一品あるだけで元気が出ます。それぞれの材料に見合った味加減をし、火通りや汁気の残り具合に気を配りながら、煮上がりを待つのは心がなごむひととき。煮ものは火を止めたあともゆっくり味を含んでいくので、朝作れば昼か夜にはさらにおいしくなっています。

残したい日本の道具…4

落とし蓋

二〇〇四年に海外版『栗原はるみのジャパニーズ・クッキング』を出版して以来、英語でレシピを書く機会が増えました。そんなときぴたりとくる単語がなくて、往生することがたびたびあります。「落とし蓋」もそのひとつ。いちおう「ｄｒｏｐ　ｌｉｄ」と直訳したものの、寸法のあわない蓋を鍋の中に落として使うという習慣がない欧米の人たちに、本当の意味が伝わるかしらと不安になります。案の定、イギリスの出版社からは「どういう意味ですか」という問い合わせがきて、改めて落とし蓋が日本独特のものだと思い知ったのでした。

いうまでもなく落とし蓋は、少ない煮汁で味をしみ込ませるために使う、鍋よりひと回り小さい蓋のこと。煮ものは、材料がたっぷり浸る分量の煮汁であればたしかに火は通りやすくなりますが、多すぎると仕上がりが水っぽくなっておいしくない料理もあります。それに素材のうまみや栄養分は煮汁に逃げ出してしまいますので、多ければいいというものではないのです。そこで、少なめの煮汁をいかにして材料全体にいきわたらせるか、と

いう課題から生まれたのが落とし蓋。材料に直接蓋をすることで、煮立った煮汁が蓋にあたり材料にかかるのでむらなく火が通り味も中までしみ込みます。また、材料が浮いたり動いたりするのを防ぎ、煮くずれ防止にもなります。

私は、魚など臭いが気になるときにはクッキングシートやアルミ箔に穴をあけて使うこともありますが、野菜の煮物などには昔ながらの木製の落とし蓋を使います。最近は鍋の大きさに合わせてサイズ調整できるステンレス製の物が主流ですが、木のほうがあたりがやわらかく、使っていても気持ちよく、仕上がりもまろやかに煮上がるような気がします。煮ものは、火加減も味つけもこまめに様子をみながら調節し、育てていく料理。落とし蓋はそんな微妙な煮もの仕事の出来を左右する、すぐれた日本的な小道具のような気がします。

ちなみに木の落とし蓋は、使う前に水を含ませておくと臭いが移りにくくなります。使用後は十分に乾かすことも大事。後始末が悪いとかびが生えたり黒ずんで汚くなります。

うちに来る若い人たちも、この肉じゃがは大好き。味が濃すぎないので飽きずに食べられて、少し煮くずれてとろりと汁気になじんだところも人気の理由です。ただし古いじゃがいもが余っているからと使うと、思ったほどの味に仕上がらないので、おいしく作りたいと思ったらなるべく新鮮なじゃがいもを使うこと。古くなったものは濃いめに味つけるきんぴらなどにすると無駄になりません

おいしいじゃがいもがあると
肉じゃがを作りたくなります

肉じゃが

材料（4人分）
じゃがいも　大4個（600g）
玉ねぎ　2個
サラダ油　大さじ1
牛切り落とし肉　200g
だし汁　1カップ
しょうゆ　大さじ5
砂糖　大さじ4
酒　大さじ1
みりん　大さじ2

作り方
1　じゃがいもは皮をむいて4等分にし、水にさらして水気をよくきる。玉ねぎは皮をむいて6等分のくし形に切る。
2　鍋にサラダ油を熱し、じゃがいもをよく炒める。じゃがいものまわりが透き通ってきたら、玉ねぎを入れて炒め、さらに牛肉を重ならないように加えて軽く炒め合わせる（a）。
3　だし汁としょうゆ、砂糖、酒、みりんを合わせ②に加える（b）。
4　煮立ったらアクをていねいに取り除き、火を弱める（c）。落とし蓋をしてじゃがいもがやわらかくなるまで煮る（d）。煮汁があるうちに火を止め、そのまましおいて味を含ませる。

a

b

c

d

里いもと鶏肉の煮もの

a

b

c

d

材料（4人分）

里いも　15個（800g）
干ししいたけ　10枚
鶏もも肉　1枚
サラダ油　少々
だし汁　2カップ
しいたけの戻し汁　½カップ
しょうゆ　大さじ4
砂糖　大さじ3
酒　大さじ1
みりん　大さじ2

作り方

1　里いもは皮をむき、大きいものは2等分にする。水にさらして水からゆで（a）、やわらかくなったらざるに上げ、さっと洗ってぬめりを取り、水気をきる。

2　干ししいたけはさっと洗ってひたひたの水で戻す。このとき均等に水に浸るようにラップを落とし蓋のように使うとよい（b）。軽く水気を絞ってから石づきを取り、大きいものは2等分にする。

3　鶏肉は8等分にし、鍋にサラダ油を熱して皮目から入れ、焼き色がついたら返す（c）。

4　鍋の余分な脂を拭き取り、だし汁、しいたけの戻し汁、しょうゆ、砂糖、酒、みりんを加える。

5　煮立ったらアクを取り、しいたけ、里いもを加え（d）、落とし蓋をして20分くらい煮る。煮汁が少し残るくらいで火を止め、そのまま少しおいて味を含ませる。

里いも、干ししいたけ、鶏肉の組み合わせは、ちょうど筑前煮の具を引き算したよう。素材は大きめに切り、それぞれの持ち味を生かします。鶏肉を最初に焼きつけるのは、うまみを閉じ込めるため。脂がコクになり、おいしい煮ものにしてくれます。じゃがいものようにホクホクはしませんが、きめ細かくなめらかな口当たりが里いもの魅力です。甘さを控えた味つけは男性陣にも好評です。

牛肉のしぐれ煮

材料（作りやすい分量）
牛薄切り肉　300g
しょうが　50g
しょうゆ　大さじ4
砂糖　大さじ2
酒　大さじ2
みりん　大さじ4

作り方
1　牛肉は食べやすい大きさに切る。しょうがは皮をむき、せん切りにする。
2　鍋にしょうゆ、砂糖、酒、みりんを合わせて煮立て、牛肉が重ならないように入れ、しょうがも加える。
3　全体に混ぜながら煮からめ、煮汁が少なくなったら火を止める。そのままおいて味を含ませる。
※右の写真はごはん1膳分に牛肉のしぐれ煮適量をのせ、うずら卵を添えた、牛しぐれ丼。好みで七味唐辛子少しをふっていただく。

うちの牛肉のしぐれ煮は、ごはんにのせてちょうどいいくらいの味加減で、おべんとうやどんぶりに長年、重宝しています。たくさん作るときは、高いお肉でなくても量が多いので肉からいいおだしが出ますが、少量のときはなるべくいいお肉で作るのが私のこだわりです。温かいごはんに上等の牛しぐれをのせ、好みで七味やもみのり、うずら卵などを混ぜていただけば、なんとも幸せな味がします。

ひと晩戻してゆでた大豆には、豆腐に通じる自然な甘みがあります。うちではサラダに入れたり、ごはんに炊き込んだりするほか、常備菜といえばこの五目豆。大豆にごぼう、にんじん、しいたけ、こんにゃくなどの体によさそうな素材が入る、さらりとした煮ものです。大豆に揃えて材料を小さく切るのだけが手間ですが、食べるとばらばらしているよりもおいしく感じて、やめられません。

五目豆

材料（作りやすい分量）

大豆（乾）　100g
干ししいたけ　4枚
こんにゃく　1枚（185g）
ごぼう　½本（100g）
にんじん　1本（150g）
だし汁　2カップ
しょうゆ　大さじ5
砂糖　大さじ4
みりん　大さじ2

作り方

1　大豆をゆでる。大豆をボウルにあけ、1度さっと洗ってたっぷりの水につけてひと晩戻す。ざるに上げて水気をきる。鍋に大豆とたっぷりの新しい水を入れて強火にかける。アクが出てきたら火を弱めて取りながらゆでる。1粒食べてみて、大豆が十分にやわらかくなったらざるに上げる。

2　干ししいたけは水で戻して軽く水気を絞り、石づきを落として1cm角に切る。

3　こんにゃくは下ゆでしてアクを抜き、大豆と同じくらいの大きさに切る。

4　ごぼうは皮をむき、1cm幅のいちょうまたは半月切りにし、水にさらしてから下ゆでし、水気をよくきる。にんじんも皮をむき、1cm角に切る。

5　鍋にだし汁としょうゆ、砂糖、みりんを合わせて煮立て、大豆、しいたけ、こんにゃく、ごぼう、にんじんを加えて煮る。

6　煮汁を少し残して火を止め、そのままおいて味を含ませる。

うちの息子のお嫁さんが真っ先に覚えてくれたのが、れんこんとすき昆布のきんぴらで、家族が大好きなレシピのひとつ。歯ざわりがよく薄味なので、海藻もサラダのようにたっぷり食べられます。れんこんが時期はずれのときは、ピーマン、にんじん、ツナなどで応用も。しいたけの甘辛煮は、大きく切って煮含めるのでそのままで一品になりますが、余ったら刻んで混ぜずしやのり巻きの具にしても。

れんこんとすき昆布のきんぴら

材料（4人分）
れんこん　500g
すき昆布（乾燥）　20g
サラダ油　大さじ2
だし汁　大さじ2
しょうゆ　大さじ4
砂糖　大さじ1
みりん　大さじ2
青じそ　10枚

作り方
1　れんこんは皮をむいて薄い輪切り、または半月切りにし、水にさらして水気をよくきる。
2　すき昆布は水で戻して水気をよくきり、食べやすい長さに切る。
3　フライパンを熱してサラダ油を入れ、れんこんをすき通るまで強火でよく炒める。
4　③にだし汁、しょうゆ、砂糖、みりんを入れて混ぜ、れんこんに味がなじんだら火を止め、すき昆布を加えて手早くあえる。
5　④の粗熱が取れたら青じそを2〜3㎜幅のせん切りにして加え、軽く混ぜて器に盛る。

しいたけの甘辛煮

材料（作りやすい分量）
干ししいたけ　大8枚
だし汁　½カップ
干ししいたけの戻し汁　1カップ
しょうゆ　大さじ3
砂糖　大さじ2
みりん　大さじ2

作り方
1　干ししいたけを水で戻し、軽く水気を絞る。石づきを取って1枚を4等分する。戻し汁は1カップ分、計量しておく。
2　鍋にだし汁、戻し汁、しょうゆ、砂糖、みりんを合わせ、しいたけを入れて火にかける。
3　アクが出たら取り、落とし蓋をして汁気が少なくなるまで煮る。火を止め、ときどき返して味を含ませる。

れんこんのきんぴら

材料（作りやすい分量）
れんこん（細め）　300g
サラダ油　大さじ1
しょうゆ　大さじ2
砂糖　小さじ1
みりん　大さじ1
黒炒りごま　適量

作り方
1　れんこんは皮をむき、薄い輪切りにし、水にさらして水気をよくきる。
2　フライパンにサラダ油を熱し、れんこんをさっと炒める。
3　しょうゆ、砂糖、みりんを加えて手早くからめ、味をみて好みで和風だしの素少々を加え、火を止める。器に盛り、好みで黒ごまをふる。

ピーマンとさつま揚げのきんぴら

材料（作りやすい分量）
ピーマン　1袋（150g）
さつま揚げ　1枚（50g）
サラダ油　大さじ1
しょうゆ　大さじ1½～2
砂糖　小さじ1
みりん　大さじ1

作り方
1　ピーマンは縦半分に切り、へタと種を除いてからせん切りにする。さつま揚げは厚みを半分にしてせん切りにする。
2　フライパンにサラダ油を熱し、ピーマンを炒めてからさつま揚げを加えてさっと炒める。
3　しょうゆ、砂糖、みりんを加えて手早くからめ、火を止める。

ごぼうとにんじんのきんぴら

材料（作りやすい分量）
ごぼう　1本（300g）
にんじん　小⅓本（30g）
サラダ油　大さじ1～2
赤唐辛子の小口切り　1～2本分
しょうゆ　大さじ2
砂糖　大さじ½～1
みりん　大さじ1

作り方
1　ごぼうは皮をむき、6㎝長さのせん切りにし、水にさらして水気をよくきる。にんじんも6㎝長さのせん切りにする。
2　フライパンにサラダ油を熱し、ごぼうをよく炒めてからにんじんを加えて炒める。
3　赤唐辛子、しょうゆ、砂糖、みりんを加えて手早くからめ、味をみて好みで和風だしの素少々を加え、火を止める。

きんぴらは、もともとはきんぴらごぼう。江戸っ子がせん切りのごぼうをごま油で炒め、しょうゆとみりんで調味して赤唐辛子でピリッとさせたものが始まりだとか。炒める材料に合わせて味加減を変え、汁気をからめるように仕上げると思いがけないおいしさが生まれます。おべんとうにも重宝です。

厚揚げの甘辛煮

材料（作りやすい分量）
厚揚げ（絹）　6枚（約800g）
だし汁　2カップ
しょうゆ　大さじ3
砂糖　大さじ4〜4½
酒　大さじ1
みりん　大さじ3

作り方
1　厚揚げはたっぷりの熱湯で油抜きし、1枚を三角に4等分する。
2　鍋にだし汁としょうゆ、砂糖、酒、みりんを合わせて温め、水気を拭いた①の厚揚げを加え、落とし蓋をして煮汁が少なくなるまで煮る。
3　火を止め、そのまましばらくおいて味を含ませる。

厚揚げのピリ辛ごま煮

材料（作りやすい分量）
厚揚げ（絹）　6枚（約800g）
だし汁　2カップ
しょうゆ　大さじ3
砂糖　大さじ4
酒　大さじ1
みりん　大さじ3
豆板醤　小さじ1
白炒りごま　適量

作り方
1　厚揚げはたっぷりの熱湯で油抜きし、1枚を三角に8等分する。
2　鍋にだし汁としょうゆ、砂糖、酒、みりん、豆板醤を合わせて温め、水気を拭いた①の厚揚げを加え、落とし蓋をして煮汁が少なくなるまで煮る。
3　火を止め、そのまましばらくおいて味を含ませる。
4　ごまを半ずりにしてからめ、器に盛る。

厚揚げのようになにげない素材を、おいしく煮たら喜ばれるごちそうになるのでは。その思いが発端になり、作ってはまわりに食べてもらい、感想を聞くことの繰り返し。切る大きさを変えたり、味つけも甘さを強調したり、控えたり、豆板醤で辛味を加えてみたり。いきついたのがこの2つのレシピです。ピリ辛ごま煮のほうは個性が強い分、味が決まります。それに比べると甘辛煮はぴたっとくるまで迷いましたが、今のところはこの味に落ち着いています。

おからは豆腐の副産物で、卯の花というきれいな別名もあります。栄養豊富で経済的な素材であり、料理です。豆腐屋さんでできたてを分けてもらい、上手に煮るとほんとうにおいしいものですが、今はどれくらい利用されているでしょうか。うちでは、おからを空炒りしないで具を煮た汁に直接、加えます。このほうが全体に味がよくなじみ、しっとり仕上がるので初めて作る人にもおすすめです。

おから

材料（4人分）

干ししいたけ　3枚
にんじん　3cm長さ
油揚げ　1枚
絹さや　50g
だし汁（濃いめにとったもの）
　1カップ
調味料A
　砂糖　大さじ2
　酒　大さじ1
　みりん　大さじ1
　しょうゆ　大さじ1
　薄口しょうゆ　大さじ1
おから　1袋（250g）
調味料B
　砂糖　大さじ2
　薄口しょうゆ　大さじ½
塩　少々

作り方

1　干ししいたけは戻して軽く水気を絞り、石づきを除き、半分にしてせん切りにする。にんじんはせん切りにする。油揚げは熱湯で油抜きし、半分に切ってせん切りにする。絹さやは筋を取り、かためにゆでて冷水にとり、せん切りにする。

2　鍋にだし汁とAの砂糖、酒、みりん、しょうゆ、薄口しょうゆを合わせて煮立て、しいたけ、にんじん、油揚げを入れて煮る。

3　にんじんに火が通ったら、おからを加えて手早く混ぜ、Bの砂糖と薄口しょうゆを加えてさらに混ぜながらなじませる。味をみて塩を加える。

4　火を止め、絹さやを加えて軽く混ぜる。

山椒ちりめん

材料（作りやすい分量）
ちりめんじゃこ　100g
酒　大さじ2
砂糖　小さじ2
みりん　大さじ2
しょうゆ　大さじ2
実山椒の佃煮　大さじ4〜5

作り方
1　ちりめんじゃこを小鍋に入れ、弱火で軽く炒る。
2　酒をふり入れてしばらく混ぜながら炒り、砂糖、みりん、しょうゆを加える。汁気が少なくなるまで煮含める。
3　実山椒の佃煮を加えて混ぜ合わせる。
※左の写真は五穀米ごはんを器に盛り、山椒ちりめんを適量かけた「ちりめん五穀ごはん」。

京都みやげに山椒ちりめんは必ず買って帰るほど、白いごはんには欠かせないうちの常備菜です。うちでもおいしくできるはず、と思い立って手作りしてみたところ、これが上々の出来。自家製は甘辛い加減やじゃこの大きさも調整できます。「ひと口のつもりが後を引くね」といわれるのがこんにゃくの炒り煮。こんにゃくが飛びはねるくらいよく空炒りしておくと、しっかりと味がしみ込みます。

こんにゃくの炒り煮

材料（作りやすい分量）
こんにゃく　2枚（800g）
砂糖　大さじ2〜3
しょうゆ　大さじ4
みりん　大さじ2
赤唐辛子の小口切り　1本分
削りガツオ　10g

作り方
1　こんにゃくは下ゆでしてアク抜きをし、スプーンなどでひと口大にちぎる。
2　鍋で①をよく空炒りし、水分を飛ばす。
3　砂糖、しょうゆ、みりんを順に加えて、汁気が少なくなるまで照りよく炒りつける。
4　赤唐辛子を加え、削りガツオをからめる。

あれこれ仕事がたまっているときほど、煮ものの鍋を火にかけたり、
だし巻き卵を焼いたりしていると、なんだか気持ちが落ち着いてきます。

第5章

家族がいるから生まれた味

私の料理は、小さい頃から食べてきた母の和食が原点だとしたら、玲児さんと結婚して覚えた洋風な味がその後の広がりになり、今にいたっている気がします。娘の友、息子の心平が生まれ、子育てをする中で気づいたのは、子どもといっても味はちゃんとわかるということ。二人とも小さい頃から大人と同じように食べ、友は父親に似て洋風好み、心平は私に似て和風や中華風が好き。料理家として仕事を始めた私のずっとそばにいて味の批評をしてくれたのもこの家族です。彼らが「おいしい」といってくれたものだけ本に紹介したり、お客さまにお出しする暗黙のルール。和と洋の枠を超えた、私らしい味が生まれた背景はやっぱりこの家族がいるからです。

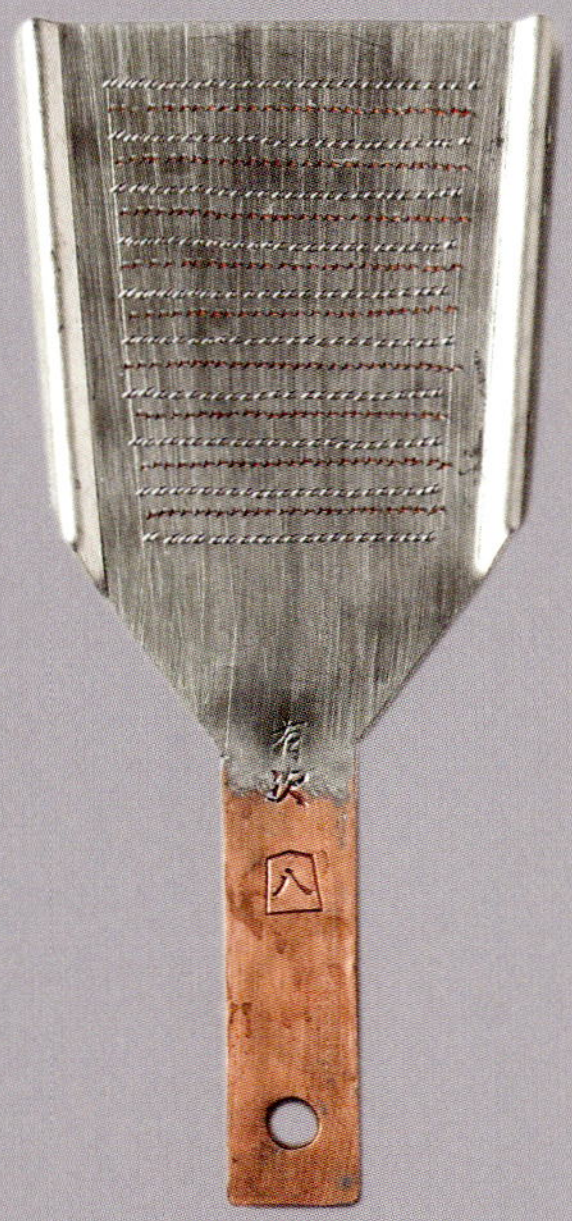
有次
八

残したい日本の道具…5

おろし金

食材を「すりおろす」という調理法は洋の東西を問わずあるようで、欧米にもチーズやにんにくおろしなどがあります。日本のおろし器具も多彩。竹、金属、陶器など素材もいろいろ、形自体もユニークなものが多く、食材の性質や大きさ、粗くおろすかきめ細かくすりおろすかなど、用途に応じていろいろ使い分けるのも楽しいものです。

わが家でいちばん出番が多いのは、やっぱり大根をおろすおろし金でしょうか。ふだんはステンレス製の受け皿がついたタイプを使いますが、ここいちばんというときには、アカ（銅）の手作りのおろし金の出番です。安定感があって、力を入れなくても道具に誘われて自然に手が動くよう。手彫りの鋭い歯がしっかりと大根をとらえ、水分もうまみもしっかり残した、とびきりの大根おろしができます。

一方、みぞれ鍋やおろしそばなど、しゃりしゃりとした食感がほしいときには竹製の鬼おろしが便利。水分が流出することなく、みずみずしい存在感のある大根おろしが仕上がります。

わさびやしょうが、にんにくなど、薬味をおろすためのおろし器具は、小さくて形もかわいいので、たくさん集めています。これらをテーブルに出して各自でおろして使うのも楽しいもの。食卓のアクセントにもなりますし、おろしたての風味は格別です。

ところでおろし方ひとつで、味も風味も違ってくるということをごぞんじですか。わさびがいい例で、専用の鮫皮のおろし器で円を描くようにゆっくりおろすと、辛みと香りが際立つといわれます。わさびに限らず、しょうがも絞り汁を使いたいときにはスピーディに手早く、薬味にするならゆっくりていねいに。大根は、力を入れすぎると粗くなって舌触りが悪くなる。反対にのんびりおろしているとおいしいエキスが出て、べちゃっとしてしまう。おなじおろし金、大根でも、おろし方ひとつで全然違うのですから、あなどれません。面倒だからとにかく早くやっつけてしまえという気持ちでやるのと、おいしくなるようにと願いながらおろすのとでは、その心のうちが結果に出てしまう――たかがおろし、されどおろしです。

揚げ鶏のねぎソース

材料（4人分）

鶏もも肉　2枚
紹興酒　大さじ½
しょうゆ　大さじ½
片栗粉　適量
揚げ油　適量
ねぎソース
　長ねぎ　1本
　赤唐辛子の小口切り　1本分
　サラダ油　大さじ½
　砂糖　大さじ1½
　紹興酒　大さじ1
　酢　大さじ2
　しょうゆ　½カップ

私がずっと
大事に作り続けている
みんなの好きな味

以前、読者のみなさんが私のベストレシピを選んでくれたアンケートで第1位になった料理が、揚げ鶏のねぎソースです。鶏肉が苦手だった私の父も、この料理がきっかけで食べられるようになりました。甘酸っぱくて、ちょっと和風っぽいねぎソースのおかげか、鶏肉のクセも気にならないようです。

この料理でもう一つ大事なのは鶏肉をカリッカリに揚げること。それには片栗粉をたっぷりとつけるのがコツで、切り分けるときのサクサクという音が目安です。さらに揚げ上がりにタイミングを合わせて温かいねぎソースをかけ、味をしみさせるのがおいしい食べ方です。

a

b

c

作り方

1 ねぎソースを作る。長ねぎは細かいみじん切りにする。砂糖、紹興酒、酢、しょうゆを合わせておく。フライパンを中火にかけてサラダ油を熱し、長ねぎ、赤唐辛子をさっと炒め（a）、合わせた調味料を加えて温まったくらいですぐ火を止める（b）。

2 揚げ鶏を作る。鶏肉は皮目をフォークなどでつつき、半分に切って紹興酒、しょうゆをからめて下味をつける。

3 ②の汁気をきり、片栗粉をたっぷりとつける（c）。

4 揚げ油を中温に熱し、③を入れ、カリッと中まで火を通す。油をきり、熱いうちに食べやすい大きさに切る。

5 器に揚げ鶏をのせ、ねぎソースをかける。

＊ 残ったねぎソースは豆腐にかけたり、豚肉とキャベツのねぎソースごはん（259ページ参照）などに利用してもよい。

鶏のつくねは、うちでは子どもたちのおべんとうによく登場したおかずです。いつからか、香りのよい青じそのみじん切りを入れて作るようになりました。こうすると彩りもきれいです。最新作ではさらに驚くほどたっぷりのセロリを入れ、シャキシャキした食感を加えました。進化しているうちのつくね。おもてなしでは食べやすく竹串に刺して大皿に並べ、すだちの半割りも添えて出します。

セロリとしそのつくね

材料（8〜10個分）

豚ひき肉　300g
鶏ひき肉　100g
セロリ　2本（正味200g）
玉ねぎ　½個
青じそ　20枚
塩・こしょう　各少々
酒　大さじ1
しょうが汁　小さじ1
薄力粉　大さじ2
サラダ油　少々
甘辛だれ
　しょうゆ　¼カップ
　みりん　¼カップ
　砂糖　大さじ2
七味唐辛子・すだち　各適宜

作り方

1　セロリは筋を取り、玉ねぎとともに8㎜角に切る。青じそは粗みじんに切る。

2　ボウルにひき肉を合わせ、塩、こしょう、酒、しょうが汁、薄力粉を順に加える。よく練り混ぜ、①の野菜を加えて混ぜる。

3　②を等分して形作り、サラダ油を熱したフライパンに並べ、両面を焼きつけて、中まで火を通す。

4　小鍋に甘辛だれの調味料を合わせて火にかける。煮立ったら弱火にし、ほんのりとろみがつくらいまで煮詰める。

5　焼きたてのつくねを甘辛だれにからめ、串に刺す。好みで七味をふり、すだちを絞る。

エビカツ

1尾を揚げるエビフライは大きいエビがおいしいもの。エビがそれほどでもないときはうちでは何尾分かまとめてエビカツにしています。溶き卵をつけるときに形がくずれやすいのでていねいにして、あとはふつうのカツの要領です。小ぶりなエビもこうして揚げると中がジューシー、ボリューム感も出てごちそうに。大小サイズを変えれば夕ごはんのおかずからおべんとう、ビュッフェまで役立ちます。

材料（4個分）

エビ　12尾
塩・こしょう　各少々
薄力粉　大さじ3
溶き卵　½個分
水　大さじ½
パン粉　適量
揚げ油　適量
タルタルソース（下記参照）　適量
好みのソース・すだち・七味唐辛子　各適量

エビは2等分にし、3尾分を丸く組み合わせて大きく成形します。

作り方

1　エビは殻と尾、背ワタを取り、塩、こしょうで下味をつける。1尾を2等分にし、6切れ（3尾分）を1個分として、丸くすき間のないようにまとめる。

2　分量の薄力粉、溶き卵、水を合わせてよく混ぜる。

3　①のエビに②の衣をからめ、パン粉をまぶす。揚げ油を熱してカリッと揚げ、中まで火を通す。

4　揚げたてのエビカツをタルタルソースや好みのソース、すだちなどでいただく。

タルタルソース

材料と作り方（作りやすい分量）

1　ゆで卵2個、玉ねぎ¼個、きゅうりのピクルス⅓本はそれぞれ細かいみじん切りにする。

2　ボウルにマヨネーズ1カップを入れて牛乳大さじ1〜2でのばし、顆粒コンソメ、和がらし各少々を加えて混ぜる。

3　②に①を加えて軽く混ぜ、塩、こしょう各少々で味を調える。

銀ダラはほどよく脂があっておいしい魚です。うちの子どもたちも小さい頃から喜んで食べていたので、私も香り煮を思いついたのでしょう。煮汁にみじん切りの香味野菜をたっぷり加える香り煮は、不思議と銀ダラ以外の魚で作ってもこの味が出せません。手軽なわりに手の込んだ味がして、初めて食べた人も感激してくれます。生でも食べられる春菊とワカメをつけ合わせ、煮汁ごと銀ダラをいただくと、香り煮にはこの組み合わせ以外ない、とつくづく思うほどです。

銀ダラの香り煮

材料（4人分）

銀ダラの切り身　4切れ
しょうゆ　1/3カップ
砂糖　大さじ2
酒　大さじ4
みりん　大さじ4
みそ　小さじ1
豆板醤　小さじ1
にんにくのみじん切り　大さじ1/2
しょうがのみじん切り　大さじ1/2
長ねぎの粗みじん切り　1/2〜1本分
春菊　適量
ワカメ（戻したもの）　適量

作り方

1　銀ダラは1切れを食べやすく2等分にする。

2　鍋にしょうゆ、砂糖、酒、みりん、みそ、豆板醤を入れて煮立て、銀ダラを重ならないように入れる。ひと煮立ちしたらにんにく、しょうが、長ねぎを加え、煮汁をかけながら煮る。

3　春菊はかたい軸を除いて葉先をつまみ、ワカメは食べやすい長さに切り、合わせて器に盛る。②の銀ダラを熱い煮汁ごとのせていただく。

生臭みが出ないように、煮汁が煮立ってから魚を入れるのが煮魚の原則。

小松菜のあんかけ ゆるゆる卵のせ

材料（4人分）

卵　6個
小松菜　2束（600g）
水　2カップ
顆粒鶏ガラスープ　大さじ1
紹興酒　大さじ2
しょうゆ　大さじ2〜3
オイスターソース　大さじ1½〜2
サラダ油　大さじ4
片栗粉・水　各大さじ2
ごま油　大さじ2
塩・こしょう　各少々

小松菜のあんかけは、息子が中学生の頃だったか、おなかのすいた友達を急に連れてきて、間に合わせで作ったレシピです。冷蔵庫にあった小松菜をシャキッと炒め、それだけでは地味なので卵焼きをのせ、ごはんと一緒に出したのが喜ばれて以来、うちの定番中の定番になっています。卵は半熟よりかなりゆるいくらいでのせると、下の小松菜炒めもあつあつなので火通りがちょうどよくなる寸法です。炒り豆腐のレシピは何通りかありますが、これは卵でとじてやわらかく仕上げるタイプ。時間をおくと水気が出るので、作りたてを味わってください。

作り方

1　小松菜は5～6cm長さに切り、葉と軸に分けておく。

2　鍋に水、顆粒鶏ガラスープ、紹興酒、しょうゆ、オイスターソースを合わせて火にかける。

3　深めのフライパンにサラダ油大さじ2を熱し、小松菜の軸、葉の順に入れて手早く炒める。

4　③に②の熱い汁を入れ、煮立ったら水で溶いた片栗粉を加えてとろみをつける。ごま油を回し入れ、器に盛る。

5　卵を溶きほぐし、塩、こしょうをする。フライパンにサラダ油大さじ2を熱して卵を流し入れ、大きく混ぜて半熟のかなり手前でまとめ、④にのせ、熱いうちにいただく。

炒り豆腐

材料（4人分）

絹ごし豆腐　1丁（320g）
ひじき（乾）　10g
にんじん　50g
絹さや　50g
しょうゆ　大さじ2
砂糖　大さじ1
みりん　大さじ2
和風だしの素　少々
卵　2個
塩　少々

作り方

1　豆腐はふきんかペーパータオルで包み、重石をして約1時間おき、よく水きりする。水きり後の重量は約6割が目安。

2　ひじきはよく洗ってから水で戻し、水気をよくきる。にんじんは皮をむき、3cm長さの太めのせん切りにする。絹さやは筋を取り、かためにゆでて冷水にとり、水気をよくきってからにんじんと同じくらいの大きさに切る。

3　鍋にしょうゆ、砂糖、みりん、和風だしの素を合わせて煮立て、にんじん、ひじきを順に加えて混ぜながら煮る。にんじんがやわらかくなったら豆腐を加え、ほぐしながらざっと炒め合わせる。

4　卵は割りほぐして軽く塩を加え、③に回し入れて手早く混ぜて火を止める。絹さやを加え、器に盛る。

肉だんごとこんにゃく、ちくわぶの煮もの

鶏肉、豚肉、エビを合わせたやわらかな肉だんごが主役。おでんの味つけで、具はシンプルにこんにゃく、ちくわぶ、大根を組み合わせました。これならあれこれ材料を揃えなくてもいいから気軽です。ちくわぶは関東以外ではなじみの薄いおでんだねで、小麦粉を水で練って作られ、ちくわのように筒状で周囲は凹凸。煮るともちっとする食感が私は好きで、煮ものにもときどき使っています。

材料（4人分）

肉だんご
　エビ（正味）　100g
　豚ひき肉　200g
　鶏ひき肉　100g
　塩　少々
　酒　大さじ2
　薄力粉　大さじ2
　卵　1個
こんにゃく　1枚
ちくわぶ　2本
大根　9cm長さ
水　6カップ
顆粒鶏ガラスープ　大さじ1
酒・みりん　各大さじ3
しょうゆ　大さじ4
和がらし　適宜

作り方

1　肉だんごを作る。エビは殻と尾、背ワタを取り、刻んでから包丁で細かくたたく。

2　ボウルに豚ひき肉、鶏ひき肉と①のエビを入れてよく練り混ぜ、塩、酒、薄力粉、卵を加えてさらによく混ぜる。

3　こんにゃくはゆでてアク抜きし、6等分してさらに三角形に切る。ちくわぶは3cm幅に切る。大根は皮をむき、3cm幅のいちょう切りにして下ゆでする。

4　鍋に水、顆粒鶏ガラスープ、酒、みりん、しょうゆを入れて煮立て、こんにゃく、ちくわぶ、大根を入れて再び煮立ったら落とし蓋をして15分くらい煮る。

5　②を8等分してだんご状に丸め、④に加えて煮る。

6　器に盛り、こんにゃくは竹串に刺す。好みで和がらしを添える。

ラザニアはイタリア料理で使う幅広のパスタで、その間にミートソースやホワイトソース、モッツアレラチーズなどをはさんで焼いた料理もラザニアと呼びます。でもうちでラザニアといえば、この豆腐のラザニア。市販のラザニアの食感がかたくて思ったほどおいしくなかったため、やわらかな豆腐で作ってみたのが始まりでした。あれからもう30年近く、作り続けているうちの人気レシピです。

豆腐ラザニア

材料（4人分）

絹ごし豆腐　2丁（600g）
ミートソース（144ページ参照）
1½カップ
ホワイトソース
　バター　大さじ2
　薄力粉　大さじ3
　牛乳　1カップ
生クリーム　1カップ
顆粒コンソメ　小さじ1
塩・こしょう　各少々
オリーブ油　大さじ2
ピザ用チーズ　200g

作り方

1　ミートソースは144ページを参照して作る。

2　豆腐はふきんかペーパータオルで包んで網にのせ、20〜30分おいて水気をよくきる。

3　ホワイトソースを作る。フライパンにバターを熱し、薄力粉をふり入れて焦がさないように炒める。牛乳を少しずつ加えてとろみがつくまでよく混ぜながら煮る。生クリームを加え、コンソメ、塩、こしょうで味を調える。

4　②の豆腐は1丁を横に4〜6枚に切る。水気を拭いて塩、こしょうし、フライパンにオリーブ油を熱し、両面に焼き色をつける。

5　オーブンは230℃に予熱。

6　耐熱容器にミートソース、ホワイトソースの各⅓量を順に敷き、半量の豆腐を並べる。これをもう一度繰り返し、その上に残りのソースを広げる。

7　ピザ用チーズをさらに粗く刻んで表面にたっぷりとのせて、230℃のオーブンで約20分焼く。

＊　ミートソースは簡単に手作りできるが市販品を利用してもよい。

なすの天ぷらとモッツァレラチーズのグラタン

材料（4人分）

なすの天ぷら
なす　4本
塩・こしょう　各少々
天ぷら粉（市販）　½カップ
冷水　½カップ
揚げ油　適量

レンジトマトソース
（作りやすい分量）
玉ねぎの細かいみじん切り　大さじ4
にんにくの細かいみじん切り　小さじ2
オリーブ油　大さじ3
トマトの水煮（ダイスカット）　1缶
顆粒コンソメ　小さじ1
塩・こしょう　各少々

モッツァレラチーズ　2個（約250g）
イタリアンハーブミックス（ドライ）　少々
塩・こしょう　各少々

作り方

1　レンジトマトソースを作る。耐熱ボウルに玉ねぎとにんにくを入れ、オリーブ油をかける。ふわっとラップをし、電子レンジで約4分加熱する。トマトを加え、ラップをしないでさらに約7分加熱する。熱いうちにコンソメ、塩、こしょうで味を調える。

2　なすの天ぷらを作る。なすは7～8㎜幅の輪切りにし、軽く塩、こしょうをふる。天ぷら粉を冷水で溶いた衣をつけ、熱した揚げ油でカリッと揚げる。

3　モッツァレラチーズは薄くスライスする。オーブンは230℃に予熱する。

4　耐熱容器にレンジトマトソース大さじ4～5を敷き、ハーブミックスをふり、なすの天ぷらの⅓量を並べ、半量のモッツァレラチーズを重ね、塩、こしょうをふる。これをもう一度繰り返し、その上にトマトソースを同じくらい広げてハーブミックスをふり、残りの天ぷらを表面がよく焼けるように少し立てて並べる。

5　230℃のオーブンに入れ、天ぷらがカリッとするまで約20分焼く。

6　焼きたてをソースと一緒にすくっていただく。

なすの天ぷらでグラタン。思いついたのはいいけれど、味はくどいかなと最初は心配でした。でも何度も試作を繰り返すうちに、思い通りの味が完成。表面に立てるように並べた天ぷらは衣がサクサク、ソースの下に入った分はふんわり、なすとトマト味の相性も間違いなし。お昼ごはんに並べて、仕事仲間にも食べてもらい、太鼓判をもらった私の新作レシピです。

ごぼう入りハンバーグは、揚げ鶏のねぎソースや銀ダラの香り煮についで、私のレシピでも人気メニューです。野菜の苦手なお子さんが唯一ごぼうを食べられるレシピがこれ、という若いママの声も聞きました。苦手な素材はなるべく細かくして混ぜ込むのもいい方法です。焼き上がったハンバーグには手軽なハンバーグソースか、さっぱり食べるならポン酢しょうゆを合わせています。

ごぼう入りハンバーグ

材料（4人分）
合いびき肉　500g
玉ねぎ　½個
ごぼう　1本
卵　1個
塩・こしょう　各少々
サラダ油　大さじ1
ハンバーグソース
　赤ワイン　大さじ2
　スープ（顆粒コンソメ少々を
　　湯大さじ2で溶いたもの）
　ケチャップ　大さじ5
　トンカツソース　大さじ2
　和がらし　少々
ポン酢しょうゆ　適量
七味唐辛子　少々

作り方
1　玉ねぎはみじん切りにする。ごぼうは皮をこそげてささがきにし、水にさらして水気をよくきる。
2　ボウルにひき肉、卵、玉ねぎを入れ、塩、こしょうをして、粘りが出るまでよく練り混ぜる。
3　②にごぼうを加えて混ぜ、8等分して形を整える。
4　フライパンにサラダ油を熱して③を焼きつけ、中まで火を通す。
5　ハンバーグソースを作る。赤ワイン、スープ、ケチャップ、トンカツソースを鍋に入れて煮立て、火を止めて和がらしを加える。
6　焼き上がったハンバーグにハンバーグソースや七味を入れたポン酢しょうゆをかけていただく。

豚肉と水菜の鍋

材料（4人分）
豚肉しゃぶしゃぶ用　300g
水菜　1束
だし汁　6カップ
しょうゆ　¼カップ
酒　大さじ2
みりん　½カップ
すだち・万能ねぎの小口切り・
　粉山椒・七味唐辛子　各適量

作り方
1　水菜は5〜6㎝長さに切る。
2　鍋にだし汁としょうゆ、酒、みりんを入れて熱し、豚肉を重ならないように入れる。
3　豚肉に火が通ったら、水菜を加えてさっと煮る。
4　たっぷりの汁ごと器に取り分け、好みですだちを絞り、万能ねぎの小口切り、粉山椒、七味唐辛子を添える。

毎晩食べても飽きないほどおいしい鍋のことを常夜鍋といいますが、さしずめこれがうちの常夜鍋。肉と野菜の手軽な鍋は、うちの定番です。ここでご紹介するのは豚肉と水菜の組み合わせ。汁にはちょっと甘口であっさりしたしょうゆ味をつけているので、あとは薬味を添えるだけ。山盛りの水菜も火が通ればぐっとかさが減り、豚しゃぶ肉と一緒に箸が進みます。鍋の締めは、ゆでたそうめんに熱い汁をかけるにゅうめんが私のお気に入り。水菜は今では一年中出回っている使いやすい野菜ですが、時季にはせり、春菊なども同様においしくいただけます。

LA GUERRE
DES BOUTONS
un film de
YVES
ROBERT

子どもたちが独立してからは、夫婦二人でごはんを食べる時間が増えました。
茶碗や皿はおりおりに替えますが、箸だけはここ十年夫婦箸を使っています。

シャキシャキした
野菜の歯ざわりは
料理の中で私が
大切に思うことのひとつです

ワインの前菜やサンドイッチ、メイン料理のつけ合わせに添えても喜ばれるこの小さなサラダは、にんじんが冷蔵庫にいっぱい残っていたのを見て思いつきました。今から20数年前のことです。このサラダのいちばんのコツは電子レンジを使うところ。生とも、ゆでるとも違う、にんじん独特の歯ごたえを出すにはレンジが最適、しかも手軽です。にんじんのせん切りは太さを変えていろいろ試しましたが、今はやや細めくらいのせん切りに落ち着いています。

にんじんとツナのサラダ

材料（4人分）
にんじん　大1本（200g）
玉ねぎ　1/4個
ツナ缶　小1缶
にんにくの細かいみじん切り　小さじ1
サラダ油　大さじ1
白ワインビネガー　大さじ2
粒マスタード　大さじ1
薄口しょうゆ　少々
レモン汁　適量
塩・こしょう　各少々

作り方
1　にんじんは皮をむき、5～6㎝長さの細いせん切りにする。玉ねぎは細かいみじん切りにする。ツナ缶は開けて汁気をきっておく。
2　耐熱ボウルに①のにんじんを入れ、玉ねぎ、にんにく、サラダ油を加えてざっくりと混ぜる。ラップをして電子レンジで約1分～1分30秒加熱する。
3　②をレンジから取り出して軽く混ぜ、ツナと白ワインビネガー、粒マスタード、薄口しょうゆを順に加えてよく混ぜる。レモン汁、塩、こしょうで味を調える。

レンジ加熱でにんじんをわずかにしんなりさせます。

ごちそうサラダ

材料（4人分）
鯛の昆布じめ
　鯛（刺身用）　1サク
　だし昆布　適量
照り焼きチキン
　鶏むね肉　1枚
　塩・こしょう・サラダ油　各少々
　しょうゆ　大さじ1
　砂糖　小さじ1
　みりん　大さじ1
中トロ　1サク
水菜　¼束
レタス　¼個
セロリ　½本
サラダリーフミックス　1袋
ブロッコリー　小½個
カリフラワー　小½個

ごまドレッシング
　練りごま　大さじ3〜4
　スープ（顆粒鶏ガラスープ少々を湯大さじ2〜3で溶いて冷ましたもの）
　砂糖　大さじ1
　酢　大さじ1
　しょうゆ　大さじ1
　すりごま　大さじ2
ポン酢しょうゆ　適量
七味唐辛子　少々
わさびのすりおろし・ゆず・しょうがのすりおろし　各適量
じゃばらきゅうりの漬けもの（230ページ参照）　適宜

作り方

1　鯛の昆布じめを作る。さっと洗い、水気を拭いただし昆布で鯛をはさんでラップで包み、冷蔵庫に半日くらいおき、なじませる。

2　照り焼きチキンを作る。鶏肉は皮目をフォークでつついて穴を開け、軽く塩、こしょうする。小さめのフライパンにサラダ油を熱し、皮目からこんがり焼いて中まで火を通す。

3　鶏肉を取り出し、フライパンの余分な油を拭き取ってしょうゆ、砂糖、みりんを入れ、少し煮詰めたら鶏肉を戻して照りよくからめ、粗熱を取る。

4　水菜は4〜5㎝長さに切る。レタスはひと口大にちぎる。セロリは筋を取り、斜め薄切りにする。リーフミックスと合わせて冷水に放してパリッとさせ、水気をよくきる。ブロッコリー、カリフラワーは小房に分け、かためにゆでて水にとり、水気をよくきる。

5　ごまドレッシングは、ボウルに材料を順に合わせてよく混ぜる。ポン酢しょうゆには七味を加える。

6　器に④の生野菜、ゆで野菜を盛る。①の鯛、中トロ、③の照り焼きチキンはそれぞれ薄切りにしてのせる。さらに好みでじゃばらきゅうりの漬けものをのせ、わさびやしょうが、ゆずを添え、ごまドレッシングやポン酢しょうゆをかけていただく。

食卓に野菜がたっぷりあるから、肉も魚もおいしく食べられる気がします。それをメインのひと皿にしたのが、ごちそうサラダです。食感のよい生野菜とゆで野菜に鯛の昆布じめ、中トロ、照り焼きチキンといった調理法の違う魚や肉をのせ、ドレッシングで味の変化も楽しめます。献立ではだしみつ卵、黒豆ごはん、豆腐のごま汁、サラダをサンドイッチにもできるように小さなパンも添えました。

うちのベスト20に入るサラダです。イカでもエビでもマグロでもなく、これはタコだからおいしい。中には香りと食感の違う野菜がたくさん入り、さらに揚げたてのなすを混ぜても合います。仕上げに熱いにんにくオイルをジュッとかけ、しょうゆドレッシングで味がぴたっと決まります。材料を全部切っておくだけで、おもてなしや持ち寄りの一品にも重宝します。

タコサラダ

材料（4人分）
ゆでダコの足　2本
ロメインレタス　3～4枚
三つ葉　1束
かいわれ大根　1パック
セロリ　小1本
長ねぎ　1本
青じそ　10枚
みょうが　3個
しょうが　1片
にんにくチップ
　にんにく　2～3片
　サラダ油　¼カップ
しょうゆドレッシング
　みりん　½カップ
　しょうゆ　½カップ
　酢　大さじ5

作り方

1　にんにくチップを作る。にんにくは薄切りにし、サラダ油とともに小鍋に入れて火にかけ、弱火でにんにくがこんがりと色づいたら火を止める。にんにくオイルとチップに分け、チップはペーパータオルなどに取る。

2　しょうゆドレッシングを作る。みりんを小鍋に入れて火にかけ、弱火で1～2分煮詰める。火を止め、しょうゆ、酢を加える。

3　タコは薄くスライスする。ロメインレタスは3cm幅のざく切り、三つ葉は5cm長さに切る。かいわれ大根は根を切り落とし5cm長さに切る。セロリは筋を取って5cm長さの薄切りにする。長ねぎは8cm長さに切って縦に切り込みを入れ、白いところはせん切りにして水にさらし、水気をきる。青い部分は小口切りにする。青じそは半分に切って太めのせん切り、みょうが、しょうがはせん切りにする。

4　②、③の材料をよく冷やしておく。

5　器に長ねぎ以外の野菜をふわっと盛り合わせ、タコを並べ、長ねぎのせん切りをのせる。

6　にんにくオイル大さじ2くらいを小鍋で熱し、⑤の上にジュッとかけ、にんにくチップをちらす。取り分けてしょうゆドレッシング適量をかけ、あえながらいただく。

じゃばらきゅうりの漬けもの

きゅうりをじゃばらに切り、香味のきいた甘酢に漬ける、うちで大人気の味。一年を通じてよく作ります。じゃばらは切り離さないように両面から入れる細かい切り込みのこと。きゅうり丸ごと一本にみんな驚いてくれるので、手に入るときは姫きゅうりで。ふつうのきゅうりでも同様に漬け、大皿にそのままどーんと盛りつけ、切り分けて食べてもらうのもおもてなしでは喜ばれます。

材料（作りやすい分量）

姫きゅうり　15本（300g）
しょうが　50g
にんじん　小½本
塩　小さじ1
つけだれ
　しょうゆ　½カップ
　酢　½カップ
　砂糖　大さじ4
　ごま油　少々
赤唐辛子の小口切り　2本分

作り方

1 きゅうりは両端を軽く切り落とし、塩をふって板ずりをし、水で洗って水気を拭く。斜めに切り込みを入れ、裏返して片面にも同様の切り込みを入れる。

2 しょうがはせん切りにする。

3 しょうゆ、酢、砂糖、ごま油を合わせてよく混ぜ、たれを作る。

4 きゅうりを③のたれに漬け、しょうがと赤唐辛子も加える。冷蔵庫に2〜3時間以上おいて味をなじませる。

5 にんじんは5㎝長さのせん切りにし、食べる直前に④に加えてなじませ、きゅうりとともに器に盛る。

＊ ふつうのきゅうりなら、同量のつけだれに8本くらいが目安。

ツルンと口の中ではずむジューシーなプチトマト。吸い物よりちょっと濃いめのだし汁をたっぷり含んだ和風のマリネです。皮はていねいに湯むきしているので、年齢問わず好評。大根とイカのなますはそのままでもさっぱりとして、焼き肉の副菜などにも便利です。どちらも冷蔵庫で少し保存ができますから作りおいて楽しめます。

湯むきトマトの和風マリネ

材料（作りやすい分量）

トマト（小さめのフルーツトマト、プチトマトなど合わせて）約800g
だし汁　2カップ
薄口しょうゆ　大さじ1
しょうゆ　大さじ1
みりん　大さじ1
青じそ　10枚
新しょうが　1片
みょうが　適量

作り方

1　トマトはヘタを取り、皮にはむきやすいように少し切り目を入れる。沸騰した湯にさっと入れ、冷水にとる。手早くざるに上げ、皮をむき、保存容器に入れる。

2　鍋にだし汁を熱し、薄口しょうゆ、しょうゆ、みりんを加える。火を止め、熱いうちに①のトマトに注ぐ。冷めたら冷蔵庫に入れて冷やす。

3　青じそ、みょうがはそれぞれせん切りにする。新しょうがはすりおろす。

4　②のトマトを汁ごと器に盛り、③の香味野菜をのせる。

大根とイカのなます

材料（4人分）

イカ（刺身用胴部分）　1パイ
大根　15cm長さ（400g）
にんじん　小½本（60g）
みょうが　2個
新しょうが　70g
塩　小さじ½
甘酢
　みりん　1カップ
　酢　1カップ
　砂糖　大さじ2
　塩　小さじ2

作り方

1　甘酢を作る。みりんを小鍋に入れて火にかけ、煮立ったら弱火にして約3分煮る。火を止め、熱いうちに酢、砂糖、塩を加えて溶かし、冷ます。

2　大根は皮をむき、5cm長さのせん切りにする。塩をふって5分ほどおき、水気を拭く。にんじんも5cm長さのせん切りにする。みょうが、しょうがもせん切りにする。

3　①の甘酢に②の大根、にんじん、みょうが、しょうがを漬け、冷蔵庫に入れて2～3時間以上おく。

4　イカは皮をむき、長さを3等分にし、5mm幅のせん切りにする。熱湯でさっとゆでてざるに上げ、水気を拭く。

5　③のなますの⅓量に④のイカを加えて混ぜる。

＊　残りのなますは冷蔵庫で保存し、常備菜にする。

いつもの味つけを自家製のたれにまかせられるのは安心なこと。
うちの万能だれは、少しずつ進化しながらずっと役立っています。

ていねいに作ることとたれを使うことは、相反すると思われるかもしれませんが、私にとってはおいしいものを作るという同一線上です。とくに少人数の家庭が増えてきた現代の暮らしでは、きちんといつもおいしいものを作ろうと思ったら、たれの上手な活用法を覚えておくことは不可欠。安心できる材料を使い、用途に応じて長年愛用しているうちの万能だれの代表をいくつかご紹介しましょう。

万能だれ

万能昆布しょうゆ

材料（作りやすい分量）
みりん　1/4カップ
しょうゆ　3/4カップ
だし昆布　10cm角1枚

作り方
1　小鍋にみりんを入れて煮立て、アルコール分を飛ばして少し煮詰める。
2　熱いうちにしょうゆ、さっと洗って拭いただし昆布を加えて2〜3時間おく。保存は冷蔵庫に入れ、早めに使いきる。昆布は好みで取り出す。

昆布のうまみを加えたマイルドなしょうゆだれが、うちの万能昆布しょうゆです。以前、砂糖や削りガツオを加えて作っていたものは、今はめんつゆ（87ページ参照）が代わって役目を果たし、冷ややっこや納豆、イクラなどに使う、かけじょうゆというと今はこればかりです。ごちそう冷ややっこは、たっぷりの薬味がのるところからうちではこう呼びますが、ケーキのような盛りつけを崩さないように万能昆布しょうゆは縁から静かにかけるのがコツ。

ごちそう冷ややっこ

材料（4人分）
絹ごし豆腐　2丁
万能昆布しょうゆ　適量
薬味
　しょうがのみじん切り
　長ねぎのみじん切り
　万能ねぎの小口切り
　しば漬けの粗みじん切り
　ハムのみじん切り
　白炒りごま
　ピーナッツの粗みじん切り
　にんにくチップ　各適量

作り方
1　豆腐は水きりをして半分に切って器に盛り、豆腐の縁にふきんかペーパータオルを巻いて余分な水気を取り除きながら、冷蔵庫で冷やしておく。
2　好みの薬味を用意する。
3　①のふきんなどをはずし、好みの薬味をたっぷりとのせる。歯触りのあるものは上にのせる。
4　万能昆布しょうゆを豆腐の縁から静かにかけていただく。

万能だれ

みそだれ

材料（約2カップ弱分）
みそ　400g
酒　½カップ
みりん　1カップ
砂糖　50g

作り方
1　鍋にみそ、酒、みりん、砂糖を合わせ、よく混ぜてから中火にかける。
2　ふつふつとしてきたら弱火にして30分くらい、焦がさないように混ぜながら煮詰める。
*　煮詰めているため、日持ちがよい。各種みそ漬けのほか、カキ鍋やぬた、汁ものなどに活用できる。

みそだれは、酒とみりんを贅沢に使った少し甘口の練りみそです。ベースのみそは、みそ汁を作るときの普通の辛口みそ。うちは自家製みそなので、仕上がりにこうじの粒々が残っていますが、これは各家庭の食べ慣れたみそを使うのがいちばんです。串カツはふだんはウスターやトンカツソースが多いですが、みそだれでいただくと風味が増します。うちではカリフラワーやれんこんなどを揚げた野菜カツが人気で、豚カツよりも先になくなってしまうほどです。

串カツ

材料（4人分）
豚肩ロース肉　200g
玉ねぎ　½個
カリフラワー　小1個
れんこん　小1節
うずら卵　1パック
塩・こしょう　各少々
薄力粉・溶き卵・パン粉　各適量
揚げ油　適量
みそだれ　適量

作り方
1　豚肉は大きめのひと口大に切る。玉ねぎは縦4つ割りにし、さらに半分長さに切る。カリフラワーは小房に小さく分け、れんこんは皮をむいて1.5cm幅の輪切りにし、水にさらして水気をよくきる。うずら卵はゆでて皮をむく。
2　豚肉に軽く塩、こしょうをし、ほかの材料とともに薄力粉、溶き卵、パン粉の順に衣をつける。
3　揚げ油を熱し、②をカリッと揚げて器に盛る。好みで竹串に刺し、みそだれをつけていただく。

こんがり焼いた肉のみそ漬けは、渋いごはんのおかず。手作りしてみるとこれが意外に簡単で、少し甘みを加えたみそだれとよく合います。牛肉、豚肉、鶏肉……、なんでも応用がききますが、うちのおすすめは、牛のステーキ肉と脂身がほどよく混ざった豚の肩ロースです。熱した焼き網かグリルを使うと、脂が落ちて香ばしい焼き上がり。そのままでちょうどよい味加減です。みそ漬けは野菜にも応用がきき、姫きゅうりのみそ漬けは大人気。適度に水分が抜けるので、薄切りにしてパリパリ食べたり、お茶漬けにしても喜ばれます。

きゅうりのみそ漬け

材料（作りやすい分量）
姫きゅうり　2パック（400g）
塩　小さじ2
みそだれ（238ページ参照）
½量
砂糖　大さじ2

作り方
1　きゅうりは両端を軽く切り落とし、ヘタのまわりの皮を少しむく。塩適量（分量外）をふって板ずりをし、水で洗う。漬けもの容器に入れ、塩小さじ2をまぶし、重石をして1晩おく。
2　みそだれに砂糖を加え、よく混ぜる。
3　①のきゅうりを洗って水気を拭き、②をからめ、保存袋などに入れて、冷蔵庫に入れ、さらに1晩おく。
4　きゅうりのみそだれをきれいにぬぐい、薄切りにして器に盛る。

豚のみそ漬け丼

材料（4人分）
豚肩ロース肉
（1.5cm厚さのもの）　4枚
みそだれ（238ページ参照）
½量
砂糖　大さじ2
青菜炒め
小松菜　4～5株
サラダ油　大さじ1
塩・こしょう　各適量
ごはん　適量
七味唐辛子　適宜

2日ほどおくと、熟成した色になり食べ頃です（左）。

作り方
1　みそだれに砂糖を加え、よく混ぜる。
2　豚肉1枚につき、①を片面大さじ1ずつ塗る。ラップで包み、漬けている間に水分が出てくるので容器か保存袋に入れ、冷蔵庫に入れて2日くらいおく。
3　②の豚肉のみそだれをきれいにぬぐい、よく熱した焼き網で両面を焼いて、中まで火を通す。熱いうちに食べやすく切る。
4　小松菜は5～6cm長さに切り、葉と軸に分ける。フライパンにサラダ油を熱し、軸、葉の順に炒め、塩、こしょうで調味する。
5　器に温かいごはんを盛り、④の小松菜、③のみそ漬けをのせ、好みで七味をふる。さらにあればしいたけの甘辛煮（187ページ参照）を添える。

万能だれ

甘酢

材料（約1½カップ分）
みりん　1カップ
酢　1カップ
塩　小さじ1

作り方
1　小鍋にみりんを入れて火にかけ、弱火でアルコール分を飛ばしながらおよそ半量になるまで煮詰める。
2　火を止め、酢と塩を加え、塩が溶けるまで混ぜる。

黒酢の酢豚

材料（4〜6人分）
豚肩ロースかたまり肉　600g
紹興酒　大さじ2
しょうゆ　大さじ1
ごま油　大さじ1
砂糖　小さじ1
片栗粉・揚げ油　各適量
甘酢あん
甘酢　½カップ
しょうゆ　大さじ1
黒酢　¼カップ
砂糖　大さじ2
片栗粉・水　各大さじ2
ごま油　少々
香菜　適宜

作り方
1　豚肉は16等分に切り分け、紹興酒、しょうゆ、ごま油、砂糖をよくからめて下味をつける。
2　甘酢あんを作る。鍋に甘酢、しょうゆ、黒酢、砂糖を合わせて煮立て、水で溶いた片栗粉を加えて火を止め、ごま油を加える。
3　①の汁気をよくきり、片栗粉をたっぷりとつけて熱した揚げ油でカリッと揚げ、中まで火を通す。
4　揚げたてに甘酢あんをからめ、好みで香菜を添える。

砂糖を使わず、みりんと酢と塩で作った甘酢は、煮詰めたみりんがコクとうまみになっています。これでサーモンの土佐酢マリネやかぶの甘酢漬けを作ると、ツンとくる酸味がなく、甘さも控えめで男性に好評。うちの息子の大好物、黒酢の酢豚は、黒酢に甘酢を混ぜて調味するのでマイルドで深みのある味に仕上がります。甘酢はなにげない酢のものにも便利。すし酢に応用する場合は砂糖で甘みを、すだちやゆずなどのかんきつ系でさわやかな風味を補います。

一緒に漬けたたっぷりの香味野菜はつけ合わせにもなります。

外国でなにか作る機会や、うちに外国の方が遊びに来るときなど、魚で一品だったら迷わず、サーモンの土佐酢マリネを作ります。食べやすく小さく切ったサーモンは、揚げているのでコクがあり、甘酢とだし汁のマリネ液は酸味がとてもまろやか。ゆずの香りもさわやかです。うちの夫もこういう味加減が大好き。味は2〜3時間でなじみますが、翌日には中までしみてよりおいしくなります。

サーモンの土佐酢マリネ

材料（4人分）
生鮭（厚切りのもの）　4切れ
玉ねぎ　½個
にんじん　½本
セロリ　½本
しょうが　1片
塩・こしょう　各少々
薄力粉・揚げ油　各適量
赤唐辛子の小口切り　2〜3本分
ゆずの薄い輪切り　適量
合わせ酢
　甘酢（242ページ参照）
　　2カップ
　薄口しょうゆ　小さじ2
　だし汁　½カップ
　ゆずの絞り汁　大さじ2

作り方
1 鮭は厚みを半分にし、さらに2〜3等分にして軽く塩、こしょうする。
2 玉ねぎは薄切り、にんじんは5cm長さのせん切り、セロリは筋を取って5cm長さのせん切り、しょうがもせん切りにする。
3 甘酢に薄口しょうゆ、だし汁、ゆずの絞り汁を合わせておく。
4 鮭に薄力粉を薄くまぶし、熱した揚げ油でカリッと揚げて油をきり、③の合わせ酢につける。
5 ④に玉ねぎ、にんじん、セロリ、しょうが、赤唐辛子、ゆずの輪切りをちらす。冷蔵庫に入れて2〜3時間おき、味をなじませる。
6 器に、マリネした鮭をちらした野菜ごと盛り、漬けた汁を少し回しかけていただく。

万能だれ

ごまだれ

材料（約1½カップ分）
練りごま　½カップ
砂糖　80g
しょうゆ　½カップ
白すりごま　1カップ

作り方

1　ボウルに練りごまを入れ、砂糖を加えてよく混ぜる。

2　さらにしょうゆ、すりごまを順に加え、そのつどよく混ぜる。

ゆで鶏ときゅうりの中華風ごまあえ

材料（4人分）
鶏骨つきもも肉　2本
長ねぎの青い部分　適量
しょうがのつぶしたもの　1片分
酒　大さじ1
きゅうり　2本
ごまだれ　大さじ4
鶏のゆで汁　大さじ1
酢　大さじ½
豆板醤　小さじ1
長ねぎのみじん切り　½本分
にんにくのみじん切り　小さじ1
しょうがのみじん切り　小さじ1
香菜　適宜

作り方

1　鶏肉は早めに冷蔵庫から出しておき、骨に沿って切り込みを入れる。

2　鍋に鶏肉がかぶるくらいの湯を沸かし、①の鶏肉、長ねぎ、しょうが、酒を加える。煮立ったらアクを取り、弱火にして蓋をして2〜3分したら、返してさらに10分くらい蒸し煮にする。火を止め、そのままおいて冷ます。ゆで汁はとっておく。

3　鶏肉は骨からはずし、食べやすく切る。

4　きゅうりは5〜6㎜幅の斜め切りにしてから棒状に切る。

5　ごまだれに鶏のゆで汁、酢、豆板醤を混ぜ、長ねぎ、にんにく、しょうがを加えてソースを作る。

6　器にきゅうりを敷いてゆで鶏をのせ、⑤をかけて香菜を添える。

うちのごまだれは、ちょっと甘口にしています。これが冷蔵庫にあればいつでもおいしいごまあえが完成。しかもまちがいなくいつものうちの味。そこがたれの便利さです。さらに同じあえものでも、ゆで鶏ときゅうりの中華風あえもの、バンバンジーといったほうがおなじみの、たれに応用することもできます。シャキシャキのきゅうりと骨つき肉のゆで鶏に、香味野菜たっぷりのごまだれが見事にからんで美味。うちのおもてなしでも人気のレシピです。

第6章
おかずごはん、味ごはん

「これ、おいしいからごはんにのせて食べてみて」私は食卓でよくこういっているのだとか。そういわれてみると、確かにうちのおかずはごはんにのせたくなるものが多く、その発想から生まれたごはんレシピもずいぶんたくさんあります。最近は海外の和食屋さんでも目新しい組み合わせに出合いますが、ミート皿の上でおかずもソースも幅広く受けとめるごはんは、ほんとうに頼もしい存在です。日本はおいしいお米の国だから、地のものや乾物などを加えた炊き込みごはんや混ぜごはんにも、しみじみしたおいしさを感じます。おかずとひとつになったごはんと味のついたごはんが、うちのおかずごはん、味ごはん。何度も作って喜ばれている味をご紹介します。

残したい日本の道具…6

巻きす

数年前ロンドンで、料理のデモンストレーションをやったときのこと。日本でも大ヒットした人気レシピ裏巻きずしを作ろうということになりました。さっそく巻きすを広げ、ごはんと具をのせてくるりと巻くと、驚きの声が。1本を切って切り口を見せると、またまた歓声がおこりました。試食してもらうとこれまた好評で、裏巻きずしは、イベント最大の話題となりました。

この実演で質問が集中したのは、巻きすについて。初めて見るという人がほとんどで、なるほどこれも日本独特の道具だなと、そのとき改めて気づいたのでした。

私の母方の祖母はおすしや混ぜごはんが得意で、よく太巻きずしを作ってくれました。木の大きな盤台や巻きすなど、かびが生えないよう軒下で干している風景を、今でも懐かしく思い出します。木の道具は使った後の手入れが大事。感謝の気持ちを込め、手を掛けて使い続ける。昔の人の道具とのつき合い方に学びたいものです。

巻きすはおすしのほか、卵焼きの形を整えたり、豆腐の水きりに使ったり、一枚持って

いるとなにかと重宝します。安価でシンプル、収納場所もとらずいろいろに使える。巻きすもまた、日本人の暮らしの知恵がつまったさもない道具なのです。

今、私たちのまわりには、便利で手軽な道具があふれています。海外のおしゃれなキッチングッズもいっぱい。それに比べて日本の昔ながらの道具は、かさばったり手入れが必要だったり、今の暮らしにそぐわない点も少なくありません。それでもつき合ってみると案外使い勝手がいいもので、次第に愛着がわいてきます。木や竹、土、鉄など、自然の素材を使った手作りの味わいが心地よく、台所仕事を心楽しいものにしてくれます。早い、簡単、便利などの合理性だけでは計れない、もうひとつの豊かさ、ほんとうの贅沢を教えてくれるような気がします。

私は時間がないときには、電子レンジも練りごまも、ためらわず使います。ですがどんな便利な世の中になっても、立ち返るべき原点、日本人の拠り所だけは、しっかり持っていたい。使い続けたい。日本の道具のすばらしさを次の世代に、世界に伝えたいと、願っています。

（おかずごはん）

おかずならなんでも のせたいと思うわけではなく 白いごはんとの相性です

鮭ときのこの甘辛煮ごはん

海外で和食屋さんに入ると、甘辛い照り焼きや煮ものに必ず出合います。私たちの感覚からするとちょっと甘すぎる気もしますが、現地ではこれが人気だとか。この鮭ときのこの甘辛煮ごはんは、ニューヨークの和食屋さんで出合った味をヒントに思いついたもの。鮭と野菜を一緒に、私はだいぶ甘さを控えて煮てみました。濃いめの味が白いごはんにはぴったり。ランチにも喜ばれるひと皿です。

材料（4人分）

生鮭　3切れ
しいたけ　大3枚
しめじ　1パック
ブロッコリー　小1株
みりん　½カップ
酒　½カップ
しょうゆ　½カップ
砂糖　大さじ2
ごはん　適量
七味唐辛子・らっきょう　各適宜

作り方

1　鮭は皮と骨を除き、ひと口大に切る。

2　しいたけは石づきを取って4つ割りにし、しめじは石づきを取ってほぐし、長さを2等分に切る。ブロッコリーは食べやすく切り、かためにゆでて冷水にとり、水気をよくきる。

3　鍋にみりんと酒を煮立ててアルコール分を飛ばす。しょうゆと砂糖を加え、煮立ったらきのこを加える。

4　再び煮立ったら、①の鮭を加えて少し煮る。最後にブロッコリーを加えて軽く煮て味をなじませ、火を止める。

5　器に温かいごはんを盛り、④を汁ごとのせる。好みで七味をふり、らっきょうを添える。

野菜のせん切りを面倒がる人もいますが、私は逆に大好きです。
シャキシャキのせん切りキャベツがあるから揚げものもおいしくなります。

写真では、べんとう箱にごはん適量を詰めてサバそぼろをのせ、卵焼き、ウインナとほうれん草の炒めものを詰め合わせ、ごはんの脇にしば漬け、ウインナにはケチャップを添えています。

実家の祖母や母は、よく常備菜にアジそぼろを作っていました。それが記憶の片隅にあり、身近なサバで作ったのが私のサバそぼろ事始めです。母たちは玉ねぎ、しょうがをみじん切りにして混ぜていましたが、私はさらに干ししいたけやにんじんも加えます。子どもたちがまだ小さかった頃なので、私としては魚も野菜も両方食べさせたい思いがあったのでしょう。調味料に加えるみそが、さらに魚のクセを消してくれます。サバそぼろをのせたごはんには、炒り卵、ゆでた絹さやのせん切り、紅しょうが、炒りごま、もみのりなどを添えるのがうちの定番。おべんとうのおかずにも重宝します。

サバそぼろごはん

材料（4人分）

サバ（3枚おろし）
　2枚（正味約200g）
干ししいたけ　3〜4枚
玉ねぎ　½個
にんじん　50g
しょうが　1片
サラダ油　大さじ1〜2
酒　大さじ2
砂糖　大さじ1
みりん　大さじ2
しょうゆ　大さじ4
みそ　大さじ½
ごはん　適量

作り方

1　サバは中骨の両側の身を頭から尾の方向にスプーンでかき出し、さらに包丁で粗くたたく。

2　干ししいたけは戻して石づきを取り、水気を軽く絞って粗くみじん切りにする。玉ねぎ、にんじんも粗くみじん切りにし、しょうがはみじん切りにする。

3　フライパンにサラダ油を熱し、①のサバと②のしょうがを炒める。サバがほぐれたら、にんじん、しいたけ、玉ねぎを加えて炒め合わせる。

4　③に酒、砂糖、みりん、しょうゆ、みそを加え、汁気がなくなるまで混ぜながら煮る。

5　温かいごはんに④のサバそぼろをのせていただく。

サバの身はスプーンでかき取る方法が早く無駄なく上手にできます。

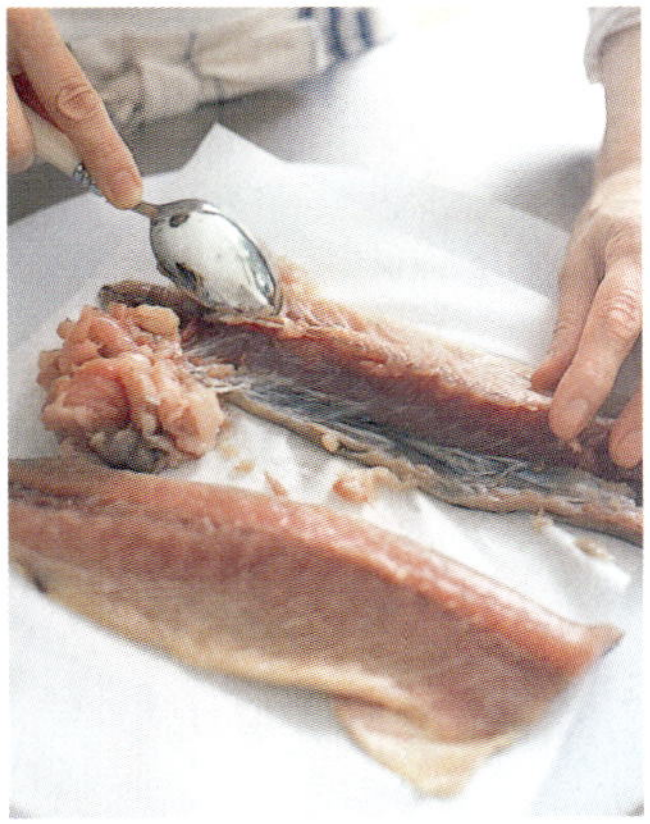

かき揚げ丼

材料（4人分）

むきエビ　100g
ホタテ貝柱（刺身用）　3個
ごぼう　½本
三つ葉　1束
天ぷら粉　⅓カップ
冷水　大さじ2
揚げ油　適量
つゆ
　だし汁　½カップ
　しょうゆ　大さじ3
　砂糖　大さじ1
　みりん　大さじ1
ごはん　適量
七味唐辛子または粉山椒　少々
漬けもの　適量

かき揚げでおなじみのエビ、ホタテ、三つ葉の組み合わせにごぼうのせん切りを混ぜると、つなぎになって揚げやすく、風味も増します。甘辛の丼つゆはごはんとかき揚げ、両方にかけるとおいしさ倍増です。豚肉とキャベツのねぎソースごはんは、キャベツのシャキシャキ感と温かいねぎソースがポイント。揚げ鶏のねぎソースをアレンジした、香味のきいた複雑なたれが味を引き締めます。

作り方

1　エビは洗い、背ワタを取る。ホタテは1個を4等分する。ごぼうは5～6cm長さのせん切りにし、水にさらして水気をよくきる。三つ葉も5～6cm長さに切る。

2　①をボウルに入れて合わせ、天ぷら粉を全体にまぶし、冷水を加え混ぜる。

3　揚げ油を熱し、②を8等分してまとめ、カリッと揚げる。

4　小鍋にだし汁、しょうゆ、砂糖、みりんを入れてひと煮立ちさせる。

5　器に温かいごはんを盛り、揚げたてのかき揚げをのせ、④のつゆを適量かける。好みで七味か粉山椒をふり、漬けものを添える。

豚肉とキャベツのねぎソースごはん

材料（4人分）

豚肉しゃぶしゃぶ用　200g
キャベツ　3～4枚
酒　少々
ねぎソース
　長ねぎの細かいみじん切り　1本分
　にんにくの細かいみじん切り　大さじ1
　しょうがの細かいみじん切り　大さじ1
　赤唐辛子の小口切り　1本分
　ごま油　小さじ2
　しょうゆ　½カップ
　紹興酒　大さじ1
　酢　大さじ2
　砂糖　大さじ1½
ごはん　適量

作り方

1　キャベツはせん切りにし、冷水に放してパリッとさせ、水気をよくきる。

2　鍋に湯を沸かして酒少々を加える。豚肉を1枚ずつはがして入れ、さっとゆでてざるに上げる。

3　ねぎソースを作る。しょうゆ、紹興酒、酢、砂糖を合わせる。フライパンにごま油を熱し、長ねぎ、にんにく、しょうが、赤唐辛子を入れてさっと炒め、合わせた調味料を加えてすぐに火を止める。

4　器に温かいごはんを盛り、①のキャベツをのせる。②のゆでたての豚肉をのせ、温かいねぎソースをかけていただく。

味がよくからんで、あつあつが保てるから、仕上げに片栗粉でとろみをつける料理をよく作ります。これは八宝菜の和風版。具はそのときどき冷蔵庫にあるものを組み合わせ、できたてをごはんにかけていただきます。片栗粉は材料を炒める前に水で溶いておきますが、すぐ沈殿するので、加える直前にもう一度混ぜること。煮汁が必ず煮立ったところに流して火を通すと、きれいなとろみがつきます。

和風あんかけごはん

材料（4人分）

豚薄切り肉　100g
むきエビ　100g
塩・こしょう・酒　各少々
玉ねぎ　½個
しいたけ　4枚
青梗菜　2株
絹ごし豆腐　1丁
サラダ油　大さじ1
だし汁　2カップ
しょうゆ　大さじ3
砂糖　大さじ1
酒　大さじ1
みりん　大さじ1
塩　小さじ½
片栗粉・水　各大さじ2
ごはん　適量

作り方

1　豚肉は長さを4等分に切り、エビは洗い、背ワタがあれば取る。それぞれ塩、こしょう、酒で下味をつける。

2　玉ねぎは横半分に切ってから縦4等分にし、しいたけは石づきを取って2等分する。青梗菜は長さを4等分に切る。豆腐は水気をよくきり、8等分に切る。

3　だし汁、しょうゆ、砂糖、酒、みりん、塩を合わせる。片栗粉は水で溶いておく。

4　深めのフライパンにサラダ油を熱し、豚肉、エビを順に炒める。

5　④に玉ねぎ、しいたけ、青梗菜を順に加えて炒め、③の合わせた調味液を加える。

6　煮立ったら水溶き片栗粉を加えてとろみをつけ、豆腐を加える。軽く混ぜて豆腐が温まったら火を止める。

7　器に温かいごはんを盛り、⑥をかけていただく。

（味ごはん）

炊き込みごはんや混ぜごはんは派手さはなくても食べ慣れた味がいちばんです

五目ごはん

五目ごはんはちょっと濃いめの味が好き。にんじん、ごぼう、しいたけ、油揚げのどこにでもある、なにげない具で作るのがいちばん飽きません。おかずがいろいろなくても満足感があります。水加減は液体調味料の分だけ水分を控えること。うちではいつも米と同量が基本なので、計量カップにまず調味料を入れ、ここではうまみを補うだし汁を水分として足し、計量して炊きます。

材料（4人分）

米　2カップ
にんじん　½本
ごぼう　½本
干ししいたけ　3枚
油揚げ　1枚
つきこんにゃく　½袋（90g）
しょうゆ　大さじ2
薄口しょうゆ　大さじ2
砂糖　大さじ2
みりん　大さじ1
だし汁　適量

作り方

1　米はといでざるに上げる。
2　にんじん、ごぼうはそれぞれ皮をむいてささがきにし、ごぼうは水にさらして水気をきる。干ししいたけは水で戻して軽く水気を絞ってから石づきを取り、せん切りにする。
3　油揚げは熱湯で油抜きし、横半分に切ってから1cm幅に切る。こんにゃくは下ゆでしてから3cm長さに切る。
4　しょうゆ、薄口しょうゆ、砂糖、みりんにだし汁を加えて2カップに計量する。
5　炊飯器に①の米を入れて②と③の具をのせ、④を加えて炊く。
6　炊き上がったらさっくりと混ぜ、器に盛る。

銀ダラは十五年ほど前まで住んでいた日吉の魚屋さんで、みそ漬けをすすめられて食べるようになったのが、料理によく使うようになったきっかけでした。脂がのったおいしい魚で、冷凍の切り身が年中手に入るのも手軽です。ここでは自家製のみそ漬けを焼いて、きのことといっしょに炊き込みました。いい香りが漂ってきたら炊き上がりの合図。ほかに汁ものと漬けものがあればおかずはいらないくらいです。

銀ダラときのこの炊き込みごはん

材料（4人分）

米　2カップ
銀ダラのみそ漬け（下記参照）　2切れ
しめじ　1パック
しいたけ　4枚
まいたけ　1パック
薄口しょうゆ　大さじ1
しょうゆ　大さじ½
酒　大さじ1
みりん　大さじ1
だし汁　適量
三つ葉　適量
漬けもの　適量

作り方

1　米はといでざるに上げる。

2　銀ダラのみそ漬けはまわりについたみそをていねいに拭き取り、2〜3等分に切って、熱した焼き網で焦がさないように焼く。

3　しめじは石づきを取り、長いものは2等分する。しいたけは石づきを取り、4〜6等分にする。まいたけは長さを半分にして小さくほぐす。

4　薄口しょうゆ、しょうゆ、酒、みりんにだし汁を加えて2カップ弱に計量する。

5　土鍋に①の米を入れ、③のきのこをのせ、焼いた銀ダラをのせる。土鍋の縁から④を注ぎ、蓋をして強火にかける。

6　沸騰したら弱火にし、約10分加熱する。

7　火を止め、そのまま約10分おいて蒸らす。

8　炊き上がったらさっくりと混ぜ合わせる。器に盛り、三つ葉のざく切りをのせ、好みの漬けものを添える。

銀ダラのみそ漬け

材料と作り方（作りやすい分量）

1　銀ダラ4切れは網にのせ、両面に塩小さじ1をふり、1時間ほどおく。

2　みそ大さじ4、みりん大さじ1、砂糖大さじ3、しょうゆ小さじ½を合わせてみそだれを作る。

3　①の銀ダラの水気を拭き、1切れずつラップに並べ、②のみそだれを等分して全体に塗り、包む。

4　冷蔵庫に入れ、1〜2日おく。

*　このみそだれは、加熱せず混ぜるだけの手軽なもの。切り身魚に塗り、ラップで1切れずつ包むと、少ないみそだれでも味がしみます。

鮭タラコごはん

材料（4人分）
米　2カップ
甘塩鮭　1切れ
タラコ　½腹
酒　大さじ1
だし汁　2カップ
薄口しょうゆ　小さじ1
黒炒りごま　適量
青じそのせん切り　10枚分

作り方
1 米はといでざるに上げる。
2 鮭とタラコはそれぞれ3等分にし、酒をふる。
3 炊飯器に①の米を入れてだし汁、薄口しょうゆを加え、②の鮭とタラコをのせて炊く。
4 炊き上がったら鮭の皮と骨を除き、鮭とタラコをほぐしながらさっくりと混ぜる。
5 器に盛り、黒ごまをふり、青じそのせん切りをのせる。

朝ごはんのおかずに買い置きすることが多い鮭とタラコ。これを炊き込むだけで簡単においしい味ごはんができ上がります。仕上げの青じそと黒ごまは、飾りではなく風味を添える大事な役目です。にんじんときくらげの炊き込みごはん、しょうがの炊き込みごはんはどちらもシンプルであっさりした味加減。うちでは塩、こしょう、にんにくをからめて焼いたステーキなどにもよく合わせています。

にんじんときくらげの炊き込みごはん

材料（4人分）

米　2カップ
にんじん　小1本（100g）
きくらげ（乾）　6g
薄口しょうゆ　大さじ2
みりん　大さじ1
だし汁　適量
塩　少々

作り方

1 米はといでざるに上げる。

2 にんじんは皮をむき、1cm長さのせん切りにする。きくらげはよく洗って戻し、石づきを取り、大きいものは半分に切ってからせん切りにする。

3 薄口しょうゆ、みりんにだし汁を加え、2カップに計量し、塩少々を加える。

4 炊飯器に米を入れ、にんじん、きくらげをのせ、③を加えて炊く。炊き上がったらさっくりと混ぜ、味をみて塩で味を調える。

しょうがの炊き込みごはん

材料（4人分）

米　2カップ
油揚げ　2枚
しょうがのみじん切り
大さじ3〜4
薄口しょうゆ　大さじ2
みりん　大さじ1
酒　大さじ1
だし汁　適量
塩　少々

作り方

1 米はといでざるに上げる。

2 油揚げは油抜きしてから細かくみじん切りにする。

3 薄口しょうゆ、みりん、酒にだし汁を足し、2カップに計量する。

4 土鍋に米を入れ、②をのせ、③を注ぐ。蓋をして火にかけ、沸騰したら弱火にして約10分炊く。火を止め、約10分そのままおいて蒸らす。しょうがのみじん切りを加えてさっくりと混ぜ、味をみて塩で味を調える。

油揚げとひじきの混ぜごはん

ひじきの常備菜は、実家の母直伝のレバーひじきを始め、シンプルにしょうがと煮たり、ボリュームを出すのに豚肉を入れたり、といろいろできます。油揚げとひじきの煮ものは、いつでも気軽に作れて応用のきく組み合わせ。油揚げの割合が多めで、ちょっと甘めの仕上がりです。温かいごはんに混ぜて、小さなおにぎりにすれば小腹がすいたときにもぴったり。私は酢めしに混ぜるのも好きです。

材料（作りやすい分量）

油揚げとひじきの煮もの

- 油揚げ　3枚
- 芽ひじき（乾）　1袋（50g）
- だし汁　1カップ
- しょうゆ　大さじ3½
- 砂糖　大さじ4
- みりん　大さじ2

ごはん　適量

作り方

1　油揚げとひじきの煮ものを作る。油揚げは熱湯にくぐらせて油抜きし、1枚を横3等分にしてからせん切りにする。

2　ひじきはよく洗ってから、たっぷりの水で戻し、ざるに上げる。

3　鍋にだし汁としょうゆ、砂糖、みりんを合わせて温め、①の油揚げと②のひじきを加え、煮汁が少なくなるまで煮る。火を止め、そのままおいて味を含ませる。

4　ボウルに温かいごはんを入れ、③の汁気を軽くきって適量を加えさっくりと混ぜる。好みでおにぎりにしていただく。

大豆入り玄米ごはんのおにぎり

材料（作りやすい分量）
米　1カップ
玄米　1カップ
大豆（ゆでたもの）　1カップ
薄口しょうゆ　大さじ1
酒　大さじ1
だし汁　適量

作り方
1　米と玄米は合わせてといで、ざるに上げる。
2　薄口しょうゆ、酒にだし汁を足して2カップに計量する。
3　炊飯器に①を入れ、大豆をのせ、②を加えて炊く。
4　炊き上がったらふんわりと上下を混ぜる。好みでおにぎりにしていただく。

グリーンピースごはんのおにぎり

うちの玄米ごはんは米に玄米を混ぜ、炊飯器で簡単に炊いています。もっちり、プチプチした食感で、ゆで大豆を加えると健康ごはんそのものです。さらにちりめんじゃこを混ぜても合います。グリーンピースごはんは、だし汁とスープ、うちでは2つの炊き方があり、これはスープのほう。グリーンピースの季節には生をゆでて加えればやわらかい豆の風味が味わえますが、ふだんは冷凍の豆を使うこともあります。

材料（作りやすい分量）

米　2カップ
スープ
（顆粒鶏ガラスープ大さじ1を湯2カップで溶いて、冷ましたもの）
酒　大さじ1
塩　少々
グリーンピース（ゆでたもの）　2カップ
漬けもの　適宜

作り方

1　米はといでざるに上げる。

2　炊飯器に米を入れ、スープ、酒、塩を加えて炊く。

3　炊き上がったらグリーンピースを加えて少し蒸らし、ふんわりと上下を混ぜる。おにぎりにするときは手のひらに塩を補いながら握る。好みで漬けものを添える。

レンジおこわ

材料（軽く3膳分）
あずき　30g
もち米　1カップ
あずきのゆで汁と水（合わせて）
3/4カップ
白ごま塩　適量

作り方
1　あずきはたっぷりの水に4〜5時間浸す。水を替えて弱火にかけ、食べてみて芯はないけれど、少しかためくらいまでゆでる。ざるに上げて汁気をきり、ゆで汁はとっておく。
2　もち米は洗い、15分ほど水につけてから水気をよくきる。
3　大きめの耐熱ボウルに②のもち米、①のあずき、ゆで汁と水を合わせて計量したものを加える。
4　③にふわっとラップをかけ、電子レンジで約6分加熱する。取り出して全体を混ぜ、もう一度ラップをかけてさらに約3分加熱する。器に盛り、白ごま塩をふる。

お祝い事のある日、実家の台所には必ず母のお赤飯がありました。私もおこわは大好きで、ふだんでもときどき食べたくなって作ります。量が多いときは蒸し器や炊飯器を使いますが、気軽に2人分くらい作りたいときは電子レンジが便利です。コツは、もち米1カップに対して大きすぎるくらいの耐熱ボウルを使うこと。たっぷりの蒸気が回り、途中で一度、混ぜるとムラなくふっくらでき上がります。

子どもから大人までみんなが大好きな鶏そぼろごはん。うちの鶏そぼろは、まずひき肉を下煮してから、本格的に味をつけるやり方です。下煮の段階では煮すぎないのがふわっと仕上げるコツ。このときの煮汁で炊いたごはんが、鶏そぼろごはんのもう一方の主役です。土鍋で炊くと焦げやすいので、この場合は炊飯器がおすすめ。丼仕立てやおべんとう、そぼろとごはんを混ぜたおにぎりも人気です。

（おかず＋味ごはん）

味のあるごはんに
おかずをのせて
とびきりのごちそうごはん

鶏そぼろごはん

材料（4人分）

米　2カップ

煮汁とだし汁（合わせて）

　2カップ

塩　少々

鶏そぼろ

　鶏ひき肉　300g

　だし汁　1カップ

　しょうゆ　大さじ2

　酒　大さじ1

　みりん　大さじ1

　追加調味料

　しょうゆ　大さじ2½

　砂糖　大さじ1

　酒　大さじ1

　みりん　大さじ1

炒り卵

　卵　4個

　砂糖　大さじ1½

　酒　大さじ1

　塩　少々

絹さや　100g

紅しょうが　適量

作り方

1 米はといでざるに上げる。

2 鶏そぼろを作る。鍋にだし汁と調味料を合わせて煮立て、鶏肉を加えて混ぜながら煮る。アクが出たら取り、軽く火が通ったらざるに上げ、ひき肉と煮汁に分ける。

3 ②の煮汁にだし汁を足して2カップに計量し、塩を加える。

4 炊飯器に米と③を入れて炊く。

5 鍋に②のひき肉、追加調味料のしょうゆ、砂糖、酒、みりんを合わせて火にかけ、箸で混ぜながら汁気がなくなるくらいまで煮る。

6 炒り卵を作る。ボウルに卵を溶きほぐし、砂糖、酒、塩を加える。鍋に入れて火にかけ、箸で手早く混ぜながら火を通す。

7 絹さやは筋を取り、熱湯でかためにゆでる。冷水にとり、水気をよくきり、斜めせん切りにする。

8 器に④のごはんを盛り、⑤の鶏そぼろ、⑥の炒り卵、⑦の絹さや、紅しょうがが、好みでもみのりをのせる。

きのこと煮豚ごはん

材料（4人分）

煮豚
豚バラ肉（かたまり）　500g
サラダ油　少々
水または米のとぎ汁　適量
紹興酒　1/4カップ
長ねぎの青い部分　適量
しょうがのつぶしたもの　1片分
しょうゆ　1/2カップ
砂糖　大さじ2

米　2カップ
みりん　大さじ1
薄口しょうゆ　大さじ1
だし汁　適量
しめじ　1パック
エリンギ　2パック
サラダ油・ごま油　各大さじ1
塩・こしょう　各適量

青菜炒め
小松菜　1束
サラダ油　大さじ1 1/2
顆粒鶏ガラスープ　少々
塩・こしょう　各少々

和がらし　適量

作り方

1　煮豚を作る。豚バラ肉は3等分にし、フライパンにサラダ油を熱して入れ、表面を焼きつける。

2　鍋にたっぷりの水または米のとぎ汁を入れて火にかけ、煮立ったら①の肉を入れ、やわらかくなるまで1時間ほどゆでる。水で十分に洗い、ざるに上げる。

3　鍋に今度は肉が隠れるくらいの湯を沸かし、②を戻し入れ、紹興酒、長ねぎ、しょうがを加え、しょうゆ、砂糖で調味し、落とし蓋をして、煮汁が少なくなるまで煮る。

4　米はといでざるに上げる。

5　みりん、しょうゆにだし汁を加えて2カップに計量する。

6　炊飯器に④の米、⑤を入れ、味をみて塩少々を加えて炊く。

7　しめじは石づきを取って小房に分け、長いものは半分に切る。エリンギは長さを2～3等分し、さらに縦4枚に切る。

8　⑥の炊き上がりに時間を合わせて、フライパンにサラダ油、ごま油を熱し、⑦を加えて強火で炒め、塩、こしょう各少々をふる。

9　炊きたての⑥のごはんに⑧を加えてさっくりと混ぜる。

10　青菜炒めを作る。小松菜は根を落とし、5cm長さに切る。フライパンにサラダ油を熱し、小松菜の軸、葉の順に加えて手早く炒め、顆粒鶏ガラスープ、塩、こしょうで調味する。

11　器に⑨のきのこごはんを盛り、青菜炒めをのせる。煮豚は冷めていたら温め直して食べやすく切ってのせ、煮汁をかけ、和がらしを添える。

炒めたきのこの混ぜごはんに甘辛味のやわらかい煮豚とシャキシャキの小松菜炒めを組み合わせた私の自信作です。肉と野菜、ごはんがひと皿に凝縮していて、ボリュームたっぷり。うちに来る若い人たちにも大人気です。もちろん、めし碗とお皿に分けて盛りつけてもいいのですが、味のついたごはんの上にそれに負けないパンチのあるおかずをのせて食べる醍醐味ってあると思います。

（おかず＋味ごはん）

何度も作ってコツをつかむと
巻きずしが日常のものになります

トロたく巻き、かっぱ巻き

シンプルな具と酢めしと焼きのりがあれば、巻きずしは楽しめます。太さは焼きのり½枚で巻く細巻きよりも、少し大きい⅔枚の中巻きが作りやすくておすすめ。半端に残る焼きのりは、うちでは朝ごはん用やもみのりにして使いきります。トロたく巻きは中トロとたくあんのせん切りを巻く、私の大好きな組み合わせで、姫きゅうりのかっぱ巻きと盛り合わせ、酒のつまみにもよく出しています。

材料（中巻き、各4本分）

米　2カップ
すし酢
　酢　½カップ
　砂糖　大さじ2
　塩　小さじ1
中トロ　600g
たくあん　100g
姫きゅうり　8本
青じそ　6枚
焼きのり（⅔枚サイズ）　8枚
甘酢しょうが・すだち　各適宜
おろしわさび　適宜
しょうゆ　適宜

作り方

1　すし酢を作る。ボウルに酢を入れ、砂糖、塩を加えて溶けるまでよく混ぜる。

2　米はといでざるに上げ、かために炊く。炊き上がったらすし酢を加え、切るように混ぜる。

3　中トロは刻んでから粗くたたく。たくあんは4～5cm長さのせん切りにする。

4　姫きゅうりは両端を少し切り落とす。青じそは縦半分に切る。

5　焼きのりは1本につき⅔枚の大きさに切る。

6　トロたく巻きを作る。巻きすに焼きのりをのせ、巻き終わりを1cmほど残して、酢めしの⅛量を広げる。中心より少し手前にのりの長さからややはみ出すくらいに¼量の中トロ、たくあんをのせて、巻く。巻き終わりを下にして軽く押さえ、巻きすをはずす。残りも同様に巻く。

7　かっぱ巻きを作る。巻きすに焼きのりをのせ、巻き終わりを1cmほど残して、酢めしの⅛量を広げる。中心より少し手前に半分に切った青じそと、姫きゅうりを2本並べて巻く。巻き終わりを下にして軽く押さえ、巻きすをはずす。残りも同様に巻く。

8　それぞれよく切れる包丁で切り分けて器に盛る。好みで甘酢しょうがを添え、わさびじょうゆをつけ、すだちを絞りかける。

裏巻きずしは、英語ではinside out rollといいます。海外版『栗原はるみのジャパニーズ・クッキング』の中でも紹介し、各国の出版記念のデモンストレーションでは、数え切れないくらい巻いて外国の方たちに食べてもらいました。おかげさまでそのつどとても好評でした。クリーミーなアボカド、カニではなくカニかま、青じそを芯にしてのりを内側に巻き、外側の酢めしにごまをたっぷりまぶす、うちの裏巻きずし第1号。青じそが手に入りにくい海外ではバジルでもよいと説明しています。私の中で裏巻きはずっと進化中で、牛ごぼうのような新しい具を思いつくと必ず試してみんなの感想を聞いています。

カニかまとアボカドの裏巻きずし

材料（中巻き2本分）

カニかま　適量
アボカド　1/2個
青じそ　3枚
酢めし（279ページ参照）　適量
焼きのり（2/3枚サイズ）　2枚
マヨネーズ　適量
白炒りごま　適量
すだち・しば漬け　各適宜

作り方

1　アボカドは種と皮を除き、6等分のくし形切りにする。青じそは縦半分に切る。

2　巻きすにのりより少し大きめに切ったクッキングペーパーを敷き、焼きのりをのせる。酢めしをのりの端まで薄く均等に広げたら、裏返す（a）。

3　中心より少し手前に、アボカドを1列に並べ、青じそをのせ、マヨネーズ小さじ1くらいを塗り、カニかまをのせて巻く（b・c）。巻き終わりを下にし、軽く押さえて巻きすとペーパーをはずす。

4　皿に白ごまを広げ、③を置いてゆっくり転がし、まわりにまんべんなくごまをつける（d）。もう1本も同様にする。

5　よく切れる包丁で食べやすい大きさに切る。器に盛り、好みですだち、しば漬けなどを添える。

牛ごぼうの裏巻きずし

材料（中巻き2本分）

牛ごぼう
- ごぼう　1本（230g）
- 牛切り落とし肉　200g
- 砂糖　大さじ2
- しょうゆ　大さじ2

焼きのり（⅔枚サイズ）　2枚

酢めし（279ページ参照）　適量

木の芽　適量

黒炒りごま　適量

すだち・しば漬け　各適宜

作り方

1　牛ごぼうを作る。ごぼうは皮をこそげ、細く小さいささがきにして水にさらし、水気をよくきる。牛肉は小さく切る。フッ素樹脂加工のフライパンで牛肉とごぼうを炒め、砂糖、しょうゆを加えて煮汁がほとんどなくなるまで炒め煮にする。

2　巻きすにのりより少し大きめに切ったクッキングペーパーを敷き、焼きのりをのせる。酢めしをのりの端まで広げたら裏返す。

3　中心より少し手前に、①の約半量をのせ、木の芽を刻んでたっぷりとちらして巻く。巻き終わりを下にし、軽く押さえて巻きすとペーパーをはずす。

4　皿に黒ごまを広げ、③を置いてゆっくり転がしてまわりにまんべんなくごまをつける。もう1本も同様にする。

5　よく切れる包丁で食べやすい大きさに切る。器に盛り、好みですだち、しば漬けなどを添える。

第7章

料理が楽しくなる器

　食器棚からこれはと思って選んだ器に、ぴたっと盛りつけが決まると、料理に報いたようでうれしいものです。私が器を好きになり、集めるようになったのは、やはり料理の仕事を始めたことが大きなきっかけでした。最初は土ものの和食器に夢中になり、夫の影響で古い磁器や塗りものにも興味を持ちました。今の家に越したときは、暮らしをリセットする意味も込めて日常の器を和洋の白で統一したことも。あれから十数年が経ち、今はほんとうに好きなものにバランスよく囲まれている気がします。長い間には大勢の作り手の方々と知り合えたことも私の大きな宝ものです。好きが嵩《こう》じて私も器のデザインを手がけ、楽しみはますます広がっています。

小皿

私の器ぞろえの基本は、シンプルで使い回しのきく白い器ですが、そこにアクセントとして加えたいのが小皿です。小さな器は見ているだけでかわいらしく、色も柄も形もさまざまな小皿が引き出し一杯に集まりました。これらはしょうゆや薬味を入れるだけでなく、数種類のおかずをひとつの皿に盛り合わせるときに、汁気のものをいったん小皿に盛って入れ子にしてのせたり、しょうゆ差しの受け皿にしたり、バターやジャム、砂糖を盛って朝食のテーブルに出すこともあります。作家さんの作品でも小皿なら手の届く値段ですから、気に入ったものを一枚ずつ求めて、おもてなしの席の彩りとして使うのも楽しいもの。小皿は器づかいの楽しみを堪能させてくれる小さな立役者だと思います。

桜花文

日本人ならだれでもそうでしょうが、三月生まれの私はことのほか桜が好きです。お花見に先駆けての私のお楽しみは、桜の器コレクションを広げること。玄関に飾ったり料理を盛ったり、今年も大好きな桜の季節を無事迎えることができた喜びをしみじみと味わいます。

私は季節を限定して器を使うことはあまりしないので、桜の器も一年を通して愛用しています。和風に限らず洋食器やガラスと合わせることも。器に描かれる桜は、つぼみ、花一輪、満開、桜吹雪、しだれ桜などまさに百花繚乱。さらには桜色、桜形、ひとひらの花びら形など、色も形もどれをとっても絵になるのは、やはり桜なればこそ。桜の器は私のとっておき、永遠のモチーフです。

大皿

　上の写真の大皿は、私が料理の仕事をはじめて間もないころ、夫が買ってくれた荒木義隆さんの作品です。ひと抱えもあるような大きさ、底光りするような漆黒の輝き。初めはその迫力に圧倒されて、どう使ったらいいのか途方にくれたのですが「自分らしくいつもの料理を気楽に盛ってみよう」と思い直しました。そして選んだのがドーナツ。砂糖をたっぷりまぶした揚げたてのドーナツをざっくり盛ったところ、びっくりするくらいぴたりと決まったのです。素朴なおやつでもふだんのおかずでも受けとめてくれる「器の力」を思い知らされた経験でした。

　大皿はそれ自体存在感があって、食卓を豪華に見せてくれます。肉じゃがなどさもないおかずでも、どーんと盛るだけで迫力十分。いつだったか急な

お客さまがいらして、冷蔵庫の残り野菜を総動員してせん切りにし、大皿に盛ってお出ししたところ、「わぁ」という歓声があがりました。これがふつうのサラダボウルだったら、そうはいかなかったでしょう。大皿を持っていてつくづくよかったと思いました。

一方で大皿は、少人数の食卓でも活躍します。懐石の口取りのように、いろいろな料理をひと口サイズずつちょこちょこと、あるいは小皿に盛って載せる。二人分の量でもあえて大皿に盛る。こうした大皿の空間を生かした使い方は、さびしくなりがちなふたりの食卓を華やかにしてくれるはずです。

大皿は欲しいけれど、しまっておく場所がない、という声もよく聞きます。上の写真の染付尺皿は、初期伊万里を写した藤塚光男さんの作品。うちではインテリアとしてリビングや玄関に飾っています。しまいこまず楽しむ工夫は無限にあります。

片口

今の家に越して十数年、以来何度かキッチンを改装してきました。そのたびに変遷を重ねてきたのは器の収納。しまう収納から見せる収納へどんどん加速していき、今はキッチンの壁いっぱいをオープンな棚にしています。そこにふだん使う器を並べたところ、私の器の好みが一目瞭然に。改めて思い知ったのが片口の多さでした。大小の鉢はもちろん、お皿やすり鉢にいたるまで多種多彩。和食器ばかりでなく、洋食器、金属素材の水差しなど、とにかく「口のついている器」の多さに、自分でもびっくりしています。

片口にひかれるのは、注ぐという機能以上に、その形にあるのだと思います。口がついているだけで、普通の鉢に動きがでてくる。表情が増し、盛り映えがする。手にとって傾けてみたく

なる。人の気持ちを誘う魅力を秘めているような気がします。

片口の使い方は数しれません。たれやソース、ドレッシングを入れる。お酒を入れて徳利代わりに、湯冷ましとして、また温めたミルクを入れてカフェオレやミルクティーなどお茶の時間に。注ぐという役割はともかく、鉢として料理を盛ると、どんなものでもおいしそうにみえるから不思議です。小さな花を飾ったり、小物入れにしたり、インテリアとしても重宝します。

私の片口好きを物語る証しとしてここにご紹介するのが右の写真の2点。奥の焼き締めは息子の、手前の緑釉は娘の、結婚式の引出物として、荒木義隆さんに作っていただいた鉢です。子どもたちの門出を応援し、祝福してくださった皆さまへの感謝の気持ちを込めた片口。たくさんの幸せを取り込み、惜しみなく注ぐ——そんな願いを込めました。

箸置き

えっ？　箸置き？　どれが？　上の写真をみて不思議に思ったかたもいらっしゃるでしょう。私は箸置きとして作られた既製品を使うことはほとんどありません。ただ、箸先を直接食卓に置くことには抵抗があります。そこで活躍するのが豆皿、手塩皿、小さなれんげなどの小物。箸を置くだけでなく、しょうゆや塩、わさびやからしなどを入れる小皿として使えるし、食卓のアクセントにもなって、テーブルコーディネートには欠かせない名脇役です。こういう小物は、機能とか使い勝手など考えるまでもなく「かわいい！」と思ったら即購入、おままごと気分で自由に遊びます。集めたものを整理収納するのも、器にあわせて選ぶのも楽しいもの。私の大切な宝物です。

しょうゆ差し

ひとつそこにあるだけで、まわりの空気がふっと変わる。食卓の小物にはそんな効用がありますが、しょうゆ差しはその最たるもの。何年も同じものを使っているというご家庭も多いと思いますが、思い切ってこの際新調してみませんか。「あれっ？　なんか変わった？」と家族に言われること、間違いなしです。同じことの繰り返しにみえる日々の暮らしのなかでは、ちょっとした変化を仕掛けることが大事。その点しょうゆ差しは、小さいながら絶大な効果を発揮してくれるでしょう。

しょうゆ差しは、片手で持ちやすく、液だれしないキレのよさが肝要。食卓に出すときには受け皿にのせます。ガラス、白磁、色絵、染付などのほか、小さな片口やピッチャーを使っても気分が変わっていいものです。

めし碗

ごはん茶碗は、家族それぞれが専用のものを持っていて毎食それで食べるというのが一般的でしょう。ところがうちには「だれそれのお茶碗」というふうに決まったものはありません。いろいろな大きさ、絵柄、形のものをとりそろえていて、その日のおなかのすき具合やメニューに応じて好きなものを選びます。白いごはんなら小ぶりの磁器で、卵や納豆などをかけるときには混ぜやすいよう大きめのものを、季節の炊き込みごはんでおもてなしするなら蓋つきの陶器で、口が広くて浅いものは、ミニどんぶりにぴったり、といった具合。お昼は残りごはんのお茶漬けで簡単にすませたいというときなど、とっておきの白磁の蓋つき碗でいただくと、豊かな気持ちになれます。

汁椀

子どものころ私は、毎朝「はみちゃん」と書かれた漆のお椀でみそ汁を飲んでいました。母が輪島の塗師《ぬし》さんにあつらえたもので、「とうさん」「かあさん」「ひろちゃん（兄）」と、家族四人それぞれの名入りのお椀が並んだ卓《ちゃ》袱台《ぶだい》を懐かしく思い出します。その卓袱台も漆塗り、さらにはおべんとう箱、茶托、お盆など、実家ではお正月だけでなく、毎日の暮らしのなかに漆器が息づいていました。そんな家庭環境で育ったためか、洋風化した今の暮らしのなかでも漆器を一年を通して身近において使いたいという思いが強いのです。漆器に慣れるには毎日使う汁椀から始めるのがおすすめ。みそ汁、おすまし、白いごはん、あるいは煮もの、ときにはデザートなども気軽に盛って楽しんでください。

徳利とぐい呑み

黄瀬戸の徳利（手前）とぐい呑み、カツオの刺身とおしょうゆの小皿をお盆に載せて、こぼさないようしずしずと運ぶ幼い私。「はみちゃん、ありがとう」とご機嫌の父。子どものころ、日本酒が好きだった父に、晩酌セットを運ぶのは私の仕事でした。そんな父につながる思い出があるせいか、徳利が好き。ふっくらとした胴体、すっとすぼまった口、趣向をこらした絵柄、滋味あふれる土や釉薬の妙……見ているだけで心がなごみます。私はどちらかというと冷酒が好きなので、片口も酒器としてよく使います。片口は手になじみ、キレのいい和のたたずまいがすがすがしいものを選びます。器もお酒も自由に楽しむのが私流ですが、なぜか日本酒に対してだけはその伝統に

敬意を表し、居住まいを正して向き合いたいという気持ちになります。

　日本酒を飲む器には杯、おちょこ、ぐい呑みなどいろいろな形があります。素材も磁器、陶器、漆器、ガラスなどさまざまなので、お客さまのときには引き出しの奥に隠れていたものも取り出して、トレーや篭《かご》に並べます。「これは九州に旅行したとき買ったの」「こっちのはだれそれさんの窯場訪問のとき、分けていただいたもの」など、ぐい呑みひとつから話題が広がって、パーティが盛り上がることも。ぐい呑みは、酒肴や薬味をちょこっと入れたりするにも重宝します。

　私がいちばんよく飲むお酒は焼酎。グラスにたくさん氷を入れて、焼酎と水を入れ、すだちをぎゅっと絞ります。鹿児島伝統の酒器「ジョカ」に焼酎と水を入れ、二、三日おいてなじませ、直火にかけて熱々をいただくのもおつなものです。

茶器

うちの夫の一日は一杯の煎茶から始まります。万事洋風好みなのにコーヒーはまったくだめで、お茶といえば日本茶一辺倒。朝はミルクティー派だった私も、ここ数年は夫がいれてくれる目覚めの一杯につきあうようになりました。そのひとときに今愛用しているのは上の写真の湯呑みと急須。湯呑みはだいぶ前、夫が旅先で買ってきたもの、急須は嫁の美由紀ちゃんがプレゼントしてくれた万古《ばんこ》焼き。口が広くて洗いやすく重宝しています。茶托は輪島塗りです。

私はお茶の時間をとても大事にしています。忙しくても、いえ、だからこそ心を込め手をかけてていねいに、できるだけおいしくと念じながらいれます。茶器を選ぶのも楽しみ。まず人数やお茶の種類に応じて急須、どびん、

ポットを決めます。カップは、湯呑み、汲み出し茶碗、ときにはグラス、そばちょこなども。手に包んだとき、唇が触れたとき、ほっとするものがうれしいですね。湯冷ましは、専用のものでなく、片口を使うことがほとんどです。

テレビに映る会議のテーブルに、ペットボトルのお茶が並ぶようになって久しい昨今。お茶汲み廃止は時代の流れといわれると、ちょっとさびしい気がします。お湯をわかす、湯冷ましに移す、お湯のみを温める、急須に茶葉を入れお湯を注ぎ、待つ。その手間、その時間が気持ちを落ち着かせ、飲む人への思いやりを育むのでは……そんな気がします。

上は漆芸家・村瀬治兵衛さんプロデュースの「旅持ち茶篭」。お茶道具を持って、お気にいりの場所で野点《のだて》——これからはそんなゆとりの時間をもっと増やしたいなと、夢見ている私です。

白菜譜

　白菜ってのは有難い野菜ですよねぇ。煮てよし、炒めてよし、漬けてよし。決して食卓の主役ではないけれど、白菜がなければ鍋物の団欒も、手塩にかけた糠味噌の香気も、キムチの豊饒《ほうじょう》もないわけで、昔は冬に備えて保存するのに丁寧に新聞紙にくるんで、床下の冷暗所とか、雪国では雪の中に埋めて大切に扱ったものです。

　何が云いたいか、ってえと、初めてはるみに出会った時の第一印象がまさしくそれで、今から四十年前、伊豆下田の柿崎海岸で、はるみを一目《ひとめ》見た瞬間、新聞でくるんだ白菜のようなお嬢さんだな、と思ったのですよ。これを云うと、はるみはほめられたのか、けなされたのか半信半疑で鼻の頭にしわを寄せるし、周りの人も怪訝《けげん》な顔をするけれど、私としては目の前の二十一歳の娘に、くるんだ新聞を開けて取り出した白菜の肌の白さと瑞々しい精気。そして、豊穣の予感と健やかさを一瞬のうちに見てとっての、歓喜に満ちた率直な

実感でありました。

以来四十年。この私の予感は裏切られることなく、はるみは私のために、子供たちのために料理を作り続け、気がついてみると今では日本中、いや世界中の食卓を豊かにするために料理していきます。新聞で包んだ白菜のようだ、と昔思いました。今は穫れたての白菜のようにザックリサクサクと反って瑞々しさと旨味を増しているようです。

そしてこの「栗原はるみ　伝えていきたい日本の味」。

云ってみればこれは我が家の食卓の記録でもあり、一途に同じ道を歩み続けたはるみの料理譜でもあります。でも、白菜はあくまでも食卓のお手伝い役。主役は読者の皆様です。

しかし私はこの脇役に、限りない愛着と、心から尊敬を感じているのです。

栗原玲児

材料別料理索引

（肉）

（卵・乳製品）

（魚介・海草）

（野菜）

料理表記について

＊計量の単位は、すりきりで1カップは２００㎖、大さじ1は15㎖、小さじ1は5㎖です。

＊電子レンジの加熱時間は、出力６００Ｗの機種で作る場合を前提としています。５００Ｗの機種なら表記の加熱時間の1.2倍に、７００Ｗなら0.8倍を目安に換算してください。

＊オーブンは電気オーブンを使用しています。機種により、あるいはガスオーブンの場合にも、調理時間は多少前後しますので、様子を見ながら加減してください。

＊「適量」と書かれたものは好みの分量をご用意ください。「適宜」「（あれば）」と書かれたものは、用意がなければ省いてもかまいません。

STAFF

Ad + Design　藤崎良嗣　境樹子 pond inc.
撮影　竹内章雄
長嶺輝明 P. 37　53
中野博安 P. 13　37　53　75
工藤雅夫 P. 37　301
小泉佳春 P. 13　53
公文美和 P. 13　75
中川正子 P. 130 - 131
倉光潔 P. 75
スタイリング　中山千寿
福泉響子 P. 13　37　53　75
城素穂 P. 75
朴玲愛 P. 37
構成・文　秋山静江
板倉久子 P. 10 - 11　P. 112 - 113　P. 136 - 137　P. 176 - 177　P. 200 - 201　P. 250 - 251　P. 286 - 299
編集　鈴木伸子　岡崎妙子
校閲　植村久美
製作進行　橋本輝士
協力　栗原スタッフ
木村奈緒美　小田真樹子
井上優子　上野友梨子

栗原はるみ
伝えていきたい
日本の味

平成21年12月10日　第1刷発行

著者　栗原はるみ
発行者　久保田榮一
発行所　株式会社 扶桑社
〒105-8070　東京都港区海岸1-15-1
編集　tel. 03-5403-8882
販売　tel. 03-5403-8859
http://www.fusosha.co.jp/
印刷・製本　凸版印刷株式会社

定価はカバーに表示してあります。
落丁・乱丁（本のページの抜け落ちや順序の間違い）の場合は
扶桑社販売グループ宛てにお送りください。
送料は小社負担にてお取り替えいたします。

ISBN978-4-594-06095-4

栗原はるみ

1947年、静岡県下田市生まれ。26歳で栗原玲児氏と結婚し、一男一女に恵まれる。家族のための日常の料理作りが、幅広い年齢層から絶大な支持を得て人気料理家に。生活提案型のショップ＆レストラン「ゆとりの空間」や「栗原はるみ」ショップをプロデュース。著書は、'92年『ごちそうさまが、ききたくて。』（文化出版局刊）がベストセラーとなり注目を集め、'96年からは季刊誌『すてきレシピ』を小社より刊行。'06年より『栗原はるみ haru_mi』にリニューアルした。'04年には、海外向けに出版した『Harumi's Japanese Cooking』（コンランオクトパス社刊、翻訳版は小社刊）がグルマン世界料理本大賞グランプリを受賞。そして'09年3月、93冊の著作物を合わせて累計発行部数2000万部を達成する。'09年7月には、『もてなし上手』（小社刊）を復刊。